Patricia Lages

LUGAR de mulher é onde ela quiser

THOMAS NELSON
BRASIL

RIO DE JANEIRO, 2022

Copyright © 2016 por Patricia Lages.

Edição original por Vida Melhor. Todos os direitos reservados.

As citações bíblicas são da Nova Versão Internacional (NVI), da Biblica, Inc., a menos que seja especificada outra versão da Bíblia Sagrada.

Os pontos de vista desta obra são de responsabilidade de seus autores e colaboradores diretos, não refletindo necessariamente a posição da Thomas Nelson Brasil, da HarperCollins Christian Publishing ou de sua equipe editorial.

Publisher	*Omar de Souza*
Gerente Editorial	*Samuel Coto*
Editor responsável	*André Lodos Tangerino*
Coordenação de Produção	*Thalita Ramalho*
Produção Editorial	*Luiz Antonio Werneck Maia*
Copidesque	*Patricia Garcia Costa*
Revisão	*Fernanda Silveira*
Projeto gráfico de capa e miolo	*Rafael Brum*
Ilustrações	*Lipe Diaz*

CIP-BRASIL. CATALOGAÇÃO NA PUBLICAÇÃO
SINDICATO NACIONAL DOS EDITORES DE LIVROS, RJ

L172L

Lages, Patricia
 Lugar de mulher é onde ela quiser : o manual para quem quer vencer na carreira profissional ou empreender seu próprio negócio / Patricia Lages. - 1. ed. - Rio de Janeiro: Vida Melhor, 2016.

ISBN 978.85.7860.903-0

1. Educação financeira. 2. Finanças pessoais. I. Título.

CDD: 232
CDU: 27-31

Todos os direitos reservados à Vida Melhor Editora LTDA.
Rua da Quitanda, 86, sala 218 — Centro
Rio de Janeiro, RJ — CEP 20091-005
Tel.: (21) 3175-1030
www.thomasnelson.com.br

~ Sumário ~

Introdução... 9

Parte 1 — Encontre seu lugar 13
Capítulo 1 — A filosofia do empreendedorismo 15
Capítulo 2 — Nasce uma empreendedora 23
Capítulo 3 — Será que vai dar certo? 37
Capítulo 4 — A multiespecialista 45
Capítulo 5 — Os inimigos do crescimento 51
Capítulo 6 — Administração do tempo 63
Capítulo 7 — A imagem da empreendedora 83
Capítulo 8 — Desafios da mulher empreendedora 93
Capítulo 9 — Empreendedorismo *versus* relacionamento afetivo 99
Capítulo 10 — Empreendedorismo materno 107

Parte 2 — Conquiste seu espaço 117
Capítulo 11 — Como começar: passo a passo 119
Capítulo 12 — Dez erros fatais na hora de empreender 139
Capítulo 13 — Administrando o seu negócio 159
Capítulo 14 — Departamento financeiro: o coração do negócio 185
Capítulo 15 — Quem é o seu cliente? 205
Capítulo 16 — Criando uma identidade para o seu negócio 213
Capítulo 17 — Divulgação com verba, pouca verba ou sem verba ... 227
Capítulo 18 — Fidelização de clientes, a chave para a estabilidade .. 247
Capítulo 19 — Você não está sozinha! 259

~ *Agradecimentos* ~

A Deus, que me guia em todos os meus caminhos, ao meu marido Wel Calandria, meu maior fã e apoiador, à minha irmã Sandra Lages, que me ajuda muito mais do que imagina, à minha mãe Maura Lages, primeira empreendedora materna que conheci, à Ester Eunice Rangel Bezerra, a dama que inspira minha fé, e a Rogério Formigoni por sua luta incansável a fim de que as pessoas — no Brasil e no mundo — conquistem uma vida de qualidade.

Dedico este livro a todos que me acompanham no blog, na rádio, na TV, no YouTube e nas redes sociais. Sem vocês nada disso seria possível!

Beijos!

Paty

~ *Introdução* ~

Apesar de a frase "lugar de mulher é na cozinha" estar caindo em desuso, muitas outras — igualmente restritivas — ainda resistem firmemente ao tempo. Ao longo de toda a história, as mulheres sempre tiveram de lutar para conquistar seu espaço, pois simplesmente não havia lugar para nós fora do ambiente doméstico.

Há menos de noventa anos, conquistamos o direito de votar, pois até então política não era lugar para mulher. E foi quase na mesma época que uma brasileira participou, pela primeira vez, de uma Olimpíada. Em 1932, a delegação brasileira foi composta por 67 atletas: 66 homens e uma mulher, a nadadora Maria Lenk. Até aquele ano, esporte não era lugar para mulher e, apenas em 2013, Claudia Sender assumiu a presidência de uma companhia aérea no Brasil. Até então, aviação também não era lugar para mulher. Nossas conquistas são muito recentes e sabemos que ainda falta muito a conquistar, mas, para isso, não podemos permitir que o velho conceito de "nos colocar no nosso lugar" ressurja na nossa sociedade apenas vestindo roupas novas. Quando vejo pessoas ditando todo tipo de regra sobre o que é "certo" para nós, percebo que não evoluímos tanto quanto pensamos.

Certa vez, acompanhei uma discussão mais do que acalorada entre algumas mulheres e fiquei muito chateada por ver que nós, muitas vezes, exigimos respeito dos homens quando nós mesmas ainda não aprendemos a nos respeitar. O debate começou a dividir as mulheres em diversos grupos com ideias diferentes, mas todos eles indicavam um "lugar certo" para a mulher. Umas diziam que lugar de mulher é no mercado de trabalho, lutando de igual para igual com os homens; outras diziam que jamais conseguiríamos nosso espaço sem que se estabelecesse uma lei de cotas; havia as que diziam que cotas são "atestados de incompetência"; e assim a discussão foi ganhando força.

Mas o tempo fechou mesmo quando uma delas disse que seu desejo era poder ser dona de casa e se dedicar aos dois filhos: um que ela mal viu crescer por estar trabalhando demais e o outro que estava a caminho e a quem ela gostaria de dar uma criação diferente. A maioria das mulheres ficou atônita, sem entender como, "em pleno século 21", uma mulher teria o desejo de voltar no tempo e "jogar no lixo" todas as conquistas adquiridas por nossas antepassadas! Ela foi chamada de ingrata, reacionária, Amélia e por aí vai... Tudo isso porque achavam que lugar de mulher não é em casa criando filhos. Até que uma alma em sã consciência se manifestou dizendo que *lugar de mulher é onde ela quiser*! E é exatamente nisso que eu acredito: nosso lugar é aquele em que nós queremos estar e não onde dizem que devemos estar. Será que vamos permitir — em pleno século 21 — que a sociedade continue ditando os "lugares certos"? Nós somos perfeitamente capazes de escolher o próprio lugar, seja lutando para chegar à presidência de uma empresa, conquistando uma posição política, dando nosso melhor em um cargo médio, mas que nos faz feliz (não importando as cobranças externas), empreendendo em casa para poder estar perto da família, abrindo uma empresa na cara e na coragem para competir de igual para igual com tantas outras que já estão aí ou viajando o mundo em uma nave espacial. O lugar certo para você é o lugar onde você quer estar, simples assim.

Este livro tem o objetivo de mostrar caminhos que você pode trilhar para chegar ao lugar que quiser, quer seja se destacando no mercado de trabalho quer abrindo o próprio negócio. Você vai se deparar muitas vezes com palavras como empreender, empreendedorismo e ser empreendedora, isso porque empreender nada mais é do que buscar seu lugar. Ser uma mulher empreendedora não significa necessariamente ser empresária ou trabalhar por conta própria, como pensa a maioria das pessoas. Nas páginas a seguir você vai perceber que empreendedorismo tem tudo a ver com o universo feminino, pois se trata de algo que requer proatividade, jogo de cintura, amplitude de visão, dedicação, perseverança, atenção aos detalhes, sensibilidade e uma capacidade extraordinária para resolver problemas. Para nós, mulheres, esses quesitos não são opcionais, eles vêm de fábrica! Sair na frente é algo natural para nós. Quer tirar a prova? Quando um homem diz que vai se casar, não significa que já tenha em mente um desenho de como será sua vida de casado (muitas vezes não tem nem sequer um rascunho...). Em contrapartida, nós já podemos visualizar a festa, a decoração, o cardápio, o vestido de noiva, a lista de convidados, as opções de destino para a viagem de lua de mel e os *looks* que iremos levar na mala. Mas não só isso! Já começamos a imaginar como será nossa casa, incluindo detalhes como quadros, tapetes e até as toalhas do lavabo; depois traçamos mil planos de como alcançar tudo o que queremos, pois não vivemos apenas de imaginação. Se não há dinheiro, corremos atrás. Se faltam informações, vamos em busca de quem possa ajudar. Se sobram problemas, respiramos fundo e damos lugar àquela determinação que só nós sabemos que temos (e que muitos chamam de teimosia). Enfim, quando queremos uma coisa, só sossegamos quando conseguimos. Isso é empreender!

Você pode ser uma empreendedora fazendo a diferença na empresa em que trabalha, levando soluções e destacando-se em meio a um mercado cada vez mais competitivo. Não ser proprietária da empresa em que trabalha não significa não poder crescer nela. Empreender, antes de qualquer coisa, é saber solucionar problemas e problemas existem em todos os lugares. E, claro, se você quer conquistar a liberdade de trabalhar naquilo que é seu, este livro será um grande aliado para que você alcance seus objetivos.

Empreender requer que façamos mais, sejamos mais e busquemos mais. Em contrapartida, nos recompensa mais, prepara mais e nos dá mais ânimo para chegar aonde queremos. Quando percebemos que somos capazes, vamos muito mais além. Uma empreendedora não é uma mulher que trabalha para pagar contas ou apenas para sobreviver, mas sim, aquela que se realiza através do que faz, seja o que for, sem essa de lugar certo ou errado. Se você é essa mulher, este livro foi feito para você. **Boa leitura!**

~ *Capítulo I* ~

A FILOSOFIA DO EMPREENDEDORISMO

Ser empreendedora não é simplesmente ter uma profissão, mas sim ter um novo estilo de vida, um novo lugar ao sol. Entender a filosofia desse estilo de vida é tão fundamental para a mulher que deseja ser bem-sucedida que fui buscar bases em um dos filósofos mais importantes da história: Aristóteles. Aliás, se você acha que filosofia é difícil ou que se trata de algo para quem tem tempo de sobra na vida está enganada! Sabe quando alguém diz uma palavra e toca aquela sirene do "agora tudo faz sentido" na sua cabeça? Então, é isso!

Digamos que você considere que ainda não está no lugar onde gostaria de estar e que não esteja sendo bem-sucedida no que faz. Assim, vem logo à sua mente a pergunta: "Como me tornar o que eu quero ser?" Em outras palavras, "como mudar o que sou agora?" Para Aristóteles, uma mudança só acontece por meio da passagem da potência ao ato, e isso é bem simples de entender.

Ato: é o que as coisas são.
Potência: é o que as coisas podem vir a ser.

Quando vemos uma semente, sabemos que, naquele momento, ela é apenas uma semente (ato). Mas também podemos dizer que a semente pode se transformar em uma árvore ou que, potencialmente, ela é uma árvore. E mais: podemos afirmar que essa árvore pode vir a dar frutos ou, ainda, que poderá passar por um processo e transformar-se em uma cadeira ou em uma porta (potência).

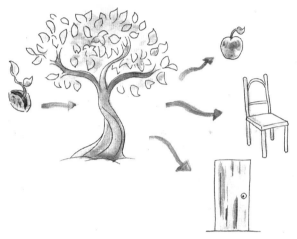

A questão é que, para que a semente se transforme em árvore é preciso plantar, cultivar e esperar seu crescimento. Seguindo os passos certos, a árvore se desenvolverá e dará frutos. Ou, ainda que não seja uma árvore frutífera, poderá transformar-se em outras coisas. Porém, para que isso aconteça é necessário que alguém esteja disposto a transformar o que pode ser (potência) em algo realmente palpável (ato). Diga-me se isso não tem tudo a ver com empreendedorismo?

O que pode existir jamais virá à existência se nós não fizermos a nossa parte. Podemos recorrer à sabedoria milenar da Bíblia, que diz que "a fé sem obras é morta" (Tiago 2:17). Em outras palavras, você pode crer (ter fé) no que quiser, mas se não fizer a sua parte (obras) não vai adiantar nada.

A empresa ou a carreira bem-sucedida que você tanto quer podem existir apenas na sua cabeça ou serem do tamanho de uma semente,

Lugar de mulher é onde ela quiser

mas se você tomar as atitudes corretas e estiver disposta a fazer o que deve ser feito, aí as coisas acontecem! Você deve ser como o bom agricultor que não só acredita, mas faz: planta pela manhã e à tarde; vigia à noite; cerca, rega, aduba e não descuida; faça chuva ou faça sol. Dessa forma, a germinação e o crescimento serão processos naturais, afinal, você nunca viu uma laranjeira se contorcendo feito louca para dar laranjas, não é? Quando fazemos a nossa parte, as coisas começam a acontecer e nossa experiência vai se desenvolvendo de maneira que dia após dia melhores resultados sejam alcançados.

Falando ainda em Aristóteles, vamos ver como ele definiu a construção do conhecimento, e quais as causas que influenciam na formação das coisas. Você já viu que é fácil e faz todo sentido, então, vamos lá!

Segundo a filosofia aristotélica, o começo do conhecimento se dá no mundo material, ou seja, o que você não viu ou não experimentou não existe para você. Essa construção do conhecimento tem cinco passos e tem tudo a ver com empreendedorismo.

1) Sensação — você só vai começar a compreender algo quando vivenciar a sensação que aquilo provoca. Por exemplo: como entender o calor do fogo sem experimentar o impacto que ele causa? Só vamos verdadeiramente compreender o calor quando nos aproximarmos de algo quente, como uma fogueira. Assim é a vida de uma empreendedora. Posso ficar aqui explicando de mil maneiras o que é começar um negócio ou ter uma carreira bem-sucedida, mas você só vai saber mesmo quando efetivamente viver essa sensação. Já recebi inúmeras mensagens pelo meu blog (www.bolsablindada.com.br) de pessoas que dizem não saber se vão se dar bem fazendo este ou aquele curso ou se aguentarão o tranco de abrir o próprio negócio. Elas esperam uma resposta exata, mas a única coisa que posso

17

dizer é que não existe uma resposta exata! Vale aqui o ditado popular: "Quem não arrisca não petisca!" Tenha a sua própria sensação das coisas, do contrário, você jamais entenderá de fato o que as coisas são.

2) **Memória** — trata-se do registro da sensação, o que faz você começar a raciocinar a respeito de determinada coisa. No nosso exemplo da fogueira, sua memória armazenou a sensação de calor, não sendo necessário que você coloque a mão perto do fogo novamente para saber como é. Com isso, você começa a pensar a respeito dessa experiência: o calor da fogueira vai me aquecer no frio, mas devo manter uma distância segura para não me queimar. Novamente, este exemplo tem tudo a ver com empreender e crescer na vida, pois você não precisa necessariamente errar para aprender. Diante da sensação de um problema real, você consulta sua memória e raciocina sobre como resolvê-lo, não necessariamente tendo de sofrer o dano. E isso nos leva imediatamente ao próximo passo.

3) **Experiência** — são essas vivências materiais (sensações) armazenadas na sua memória que irão compor sua experiência. Quanto mais vivências você experimentar, mais facilidade terá de compreender. No empreendedorismo essa é uma chave que abre muitas portas, afinal, que melhor forma de aprender senão na prática? Há coisas que só se aprende fazendo e só as experiências práticas nos tornam melhores. Você se lembra da primeira vez que tentou andar de bicicleta ou dirigir um carro? Certamente alguém explicou antes o que deveria ser feito, mas só a sensação de assumir o controle na prática é que fez você entender o que a pessoa quis dizer, e só a constância fez de você uma melhor ciclista ou uma motorista habilitada.

A experiência que você vai adquirir empreendendo é que vai fazer de você uma empreendedora de sucesso. É claro que ouvir as histórias de outras pessoas irá ajudar, e muito, na construção do seu conhecimento, mas isso não substitui as próprias experiências. Por isso, vá em frente!

4) Arte/técnica — No grego, a palavra arte é *tékne*, que significa técnica. Neste estágio do conhecimento, você começa a criar estratégias e sistemas para ter melhores experiências. Por exemplo: você quer aquecer sua casa, mas não tem a intenção de incendiá-la, nem de intoxicar sua família fazendo uma fogueira no meio da sala. Então, você constrói uma lareira que vai cumprir a função de aquecer sem causar um incêndio, e vai instalar uma chaminé que jogará a fumaça para fora do ambiente. A empreendedora de sucesso é uma exímia solucionadora de problemas e, para isso, tem de ser uma estrategista, sempre criando e buscando técnicas que facilitem o dia a dia. Em outras palavras, empreender é dominar a arte de resolver problemas.

5) Ciência — o resultado final é o conhecimento real de uma determinada coisa. Segundo Aristóteles, esse conhecimento só se dá no mundo material, ou seja, não é apenas pensando sobre determinada coisa que você irá adquirir conhecimento, mas sentindo, criando uma memória, vivendo experiências e buscando técnicas para aprimorar resultados. Isso é, de fato, conhecimento. Chega uma hora em que temos de arregaçar as mangas e viver um "momento Nike®", ou seja, praticar o que o *slogan* da marca diz *Just do it*: apenas faça!

Este livro tem a pretensão de passar conhecimento a você, leitora, sobre como agir para conquistar seu lugar, mas nada vai substituir o conhecimento que você mesma vai desenvolver por meio das suas experiências práticas, ou seja, da materialização do seu empreendimento e dos seus projetos. Não se limite simplesmente a absorver o conhecimento contido nestas linhas, mas crie a sua ciência. Quem sabe amanhã você não vai ser a mentora que irá inspirar outras pessoas?

Talvez você esteja lendo um livro meu pela primeira vez e, se esse é o caso, saiba que você tem em mãos o meu quarto livro. No primeiro, o *best-seller Bolsa blindada*, lançado em 2013, conto a péssima experiência que tive como empreendedora, quando apostei todas as fichas em um negócio que deu muito errado e me deixou uma dívida altíssima. Naquela época, eu jamais poderia imaginar que uma experiência tão desastrosa pudesse se transformar em um livro (muito menos em um *best-seller*). E não foi só isso: o sucesso do livro me levou a dar uma palestra na Universidade Harvard, nos Estados Unidos, em dezembro de 2014, durante uma conferência sobre sucesso. Mais tarde, fui convidada a ter quadros em programas de TV e rádio, e a assinar colunas em revistas.

Como uma empreendedora fracassada em seu primeiro negócio poderia pensar que seria uma referência no assunto? Se naquela época de crise e endividamento alguém tivesse vindo do futuro para me dizer que eu construiria uma carreira em cima de uma tragédia eu não acreditaria nem por um minuto! Portanto, não importa se você está vivendo um péssimo momento e se sente longe do lugar aonde quer chegar, pense apenas que você está criando seu conhecimento e, amanhã, isso servirá como experiência não só para você, mas também para inspirar outras pessoas. Se você iniciar sua jornada empreendedora pelas causas certas, naturalmente vai alcançar seu objetivo.

Para terminar nosso passeio filosófico ao lado de Aristóteles, vamos entender o que ele definiu como as quatro causas que influenciam na formação das coisas. Isso vai ajudá-la no desenvolvimento do seu negócio e na construção de uma carreira de sucesso, seja ela qual for.

1) Causa material — trata-se de saber do que as coisas são feitas, de quais matérias são compostas. Por exemplo: uma camiseta é feita de algodão, que é plantado, colhido e submetido a processos de transformação até chegar a ser camiseta. Assim é seu negócio. Você deve entender que ele será criado a partir de algo e você precisa saber qual é a matéria que dará origem a ele. Talvez você pense que todo negócio se inicia com dinheiro e que você não dispõe de capital para começar. Mas o fato é que negócios começam com ideias, depois o dinheiro entra em cena. Se você tem dinheiro, mas não tem uma boa ideia, significa que não tem um negócio. Porém, se você tem uma boa ideia, pode gerar recursos de várias formas para tirá-la do papel. Por isso, não pense que a causa material do seu negócio é o dinheiro, pois a camiseta surgiu da ideia de transformar algodão em roupa, todo o resto veio depois.

2) Causa formal — é o que nos faz reconhecer as coisas como elas são. No nosso exemplo, é conhecer quais características da camiseta nos fazem identificá-la como camiseta. Quando vemos uma peça com formado de T, costurada nos lados, com aberturas para os braços e a cabeça, sabemos que se trata de uma camiseta. Da mesma maneira você deve pensar que forma terá seu negócio ou sua carreira, e como as pessoas irão identificar seu empreendimento ou seu desempenho entre todas as outras pessoas. É essa forma que você dará ao seu negócio e à sua carreira que a diferenciará dos demais.

3) Causa eficiente ou causa motor — significa que tudo vem de alguma coisa e passa por um processo; como vimos em potência e ato, da semente à árvore. Transformar-se em uma mulher empreendedora é um processo cheio de transições pelas quais todas nós temos de passar. Queimar etapas para chegar mais rápido não é o melhor caminho, precisamos respeitar o processo e aprendermos a cada nível alcançado.

4) Causa final — é o objetivo, a finalidade da existência de determinada coisa. Precisamos pensar sempre qual é a finalidade do nosso negócio ou da nossa carreira, por que queremos crescer e qual é o nosso objetivo. Se você está pensando em empreender apenas para ganhar dinheiro rápido e pagar as contas que estão se acumulando sobre a escrivaninha, seu objetivo não é dos melhores. Pense em uma finalidade mais nobre do que essa, como crescer para fazer outros crescerem, para criar algo novo e fazer a diferença, para ter satisfação pessoal naquilo que faz. Assim a causa final do seu empreendimento ou da sua carreira lhe trará muito mais retorno.

Essa deve ser a filosofia de vida de quem quer ser uma empreendedora de sucesso: crescer fazendo outros crescerem. É o ganha-ganha, o dar e receber, a parceria, a troca. É reconhecer que estamos todas no mesmo barco e que o furo do seu lado do casco irá me afundar também; por isso, minha obrigação é ajudá-la a tapar o buraco para podermos continuar remando em direção à linha de chegada.

Você pode até começar a trabalhar no seu projeto de vida sozinha, em um quarto ou na garagem da sua casa, sem recursos e sem ninguém para reconhecer seus esforços, ou se sentir a única na sua empresa que quer fazer as coisas com boa vontade, mas saiba que você não é a única pessoa que está passando por isso. Então, não sendo a única, você não está sozinha!

~ Capítulo 2 ~

NASCE UMA EMPREENDEDORA

Empreender é um estilo de vida para o qual a maioria dos brasileiros não está preparada. Além de não termos a cultura do ganha-ganha, mas sim do levar-vantagem-em-tudo, ainda temos de conviver com conceitos muito equivocados no que diz respeito a ter um negócio próprio ou trabalhar por conta própria:

- Vou trabalhar menos e ganhar mais.
- Nunca mais terei chefe.
- Vou tirar férias quando quiser.

No começo você vai trabalhar mais e ganhar menos, cada cliente será seu chefe (tendo poder para demití-la) e você não vai poder pensar em férias por um bom tempo. É preciso estar ciente de que a boa empreendedora é aquela exímia solucionadora de problemas que citamos anteriormente, que trabalha mais do que todo mundo e é a última a ser paga. Se você não está disposta a vencer esses desafios, melhor embrulhar este livro enquanto ainda está novinho e dar de presente para alguém que não tenha medo de ser feliz!

Fora isso, o brasileiro geralmente é passivo no que diz respeito ao futuro, tendendo a esperar que alguém descubra seus talentos e lhe dê uma chance. Na nossa cultura, ainda prevalece o conselho da vovó: "Meu filho, estude bastante, tire boas notas para, no futuro, arranjar um bom emprego." Não que sua avó quisesse o seu mal, mas a questão é que os tempos estão mudando rapidamente, enquanto as mudanças nos conceitos e na educação não têm acompanhado essa mudança na mesma velocidade. Vejamos o motivo que faz do conselho da vovó algo cada vez menos aplicável nos dias atuais:

O número de empresas ativas no Brasil é 17.455.699. Desse montante, 15.259.399 são MPEs (Micro e Pequenas Empresas), veja o gráfico:

Empresas ativas Matrizes e Filiais	MPEs ativas Matrizes
17.455.699	15.259.399
Matrizes 16.635.298 Filiais 820.401	91,7% do total de empresas ativas no Brasil

Fonte: <www.empresometro.cnc.org.br>. Acesso em 13 set. 2016

Significa dizer que pouco mais de 8% das empresas brasileiras são médias e grandes. Apesar de o volume das grandes empresas ser bem inferior ao das MPEs, nosso sistema de ensino (e as vovós) espera que os alunos (e os netinhos) atuem como funcionários das grandes, e não como donos das pequenas e micros (com a possibilidade de crescerem e se tornarem médias e grandes). Se você se matricular hoje em um curso superior de administração de empresas, por exemplo, vai aprender, durante a maior parte do tempo, a administrar uma grande empresa e seus inúmeros departamentos e funcionários, e não a gerir o próprio negócio, muito menos a como começá-lo do zero. Nossa cultura diz que é melhor ser cauda de baleia do que cabeça de sardinha, sem considerar que a cauda segue sempre atrás, tendo o trabalho de impulsionar todo o corpo. Já sendo cabeça de sardinha, você pode ir para onde quiser e determinar o caminho a seguir. Além disso, você não precisa ser sardinha para sempre! Uma vez que você aprende a trilhar o próprio caminho, poderá também definir aonde quer chegar. É uma questão de escolha.

Com o crescente aumento da população e a ampliação do acesso às universidades, fica fácil entender por que temos tantas pessoas formadas e altamente capacitadas sem emprego. Há uma enorme disparidade entre o número de vagas disponíveis nas grandes empresas em relação ao número de candidatos que desejam preenchê-las. Diante disso, também não é difícil compreender o nível de qualificação exigido por muitas empresas, mesmo quando a vaga disponível é mediana, tanto na função em si quanto no salário. O que desperta o interesse das pessoas pelas chamadas "empresas dos sonhos", além do *status*, é a falsa segurança que elas oferecem a seus empregados. Geralmente, grandes empresas agregam ao salário um pacote de benefícios que vai muito além do vale-transporte e alimentação, compreendendo também assistência médico-hospitalar e odontológica, seguros, serviços sociais etc. Os salários oferecidos têm diminuído à medida que os benefícios têm aumentado, mas isso não é visto como um problema para o candidato, muito menos para a empresa, ao contrário, a medida atende às expectativas dos dois lados. Para as empresas é extremamente vantajoso, pois benefícios não monetários não geram encargos sociais e, para os empregados, trazem a sensação de receberem vantagens "sem pagar por elas". É a tal da Lei de Gérson, o péssimo costume de querer levar vantagem em tudo. Mas, nesse caso, o empregado está pagando a conta sem nem mesmo poder escolher o que quer. Ele tem plano de saúde sim, mas é o que a empresa dá e não necessariamente o que ele precisa ou gostaria de ter. Ele está coberto por um seguro sim, mas apenas enquanto estiver ligado à empresa. Será que não seria muito melhor receber um salário que lhe desse condições de arcar com as despesas advindas das próprias escolhas?

É como achar que o Fundo de Garantia por Tempo de Serviço (FGTS) é realmente um benefício quando, na verdade, é uma perda. Como é a empresa que deposita 8% do salário para esse fundo, as pessoas têm a ideia de que estão "ganhando" uma poupança, porém é óbvio que a empresa abate esse valor do que pagaria de salário para o funcionário. Por exemplo, se uma função deveria ter mil reais como salário, a empresa irá oferecer R$ 920 e tirar, do próprio funcionário, os R$ 80 para depositar no fundo. Esse valor fica à disposição do governo, e não do funcionário, podendo ser sacado apenas em caso de demissão ou para a compra da casa própria. Se nenhuma das duas opções ocorrer, *bye bye* FGTS! Além disso, o dinheiro vem sendo corrigido abaixo da inflação, causando ainda mais perdas para o trabalhador. Valeria muito mais que cada um recebesse o valor justo e optasse por usar o dinheiro como bem entendesse. Mas aí surge outro problema: não saber como usar bem esse dinheiro! É um sistema que, em vez de ensinar a usar bem, retém parte do seu ganho para fazer uma "poupança forçada", já que sozinhos não temos cabeça para gerenciar o próprio dinheiro!

No mundo do empreendedorismo temos de desenvolver uma nova cultura, onde somos responsáveis por nós mesmas. É um conceito de empoderamento, e não de dependência: *eu posso alcançar o sucesso sem depender de uma grande corporação que me conceda a possibilidade de ter sucesso*. E esse conceito, no Brasil, ainda é muito recente. Aliás, a palavra empreendedorismo é bem nova no nosso dicionário. Ela veio do termo francês *entrepreneur*, surgido entre os séculos XVII e XVIII, mas seu uso em português só começou a ser empregado nas últimas duas décadas. Joseph A. Schumpeter (1883-1950), economista e cientista político austríaco, considera em seu livro *Capitalismo, socialismo e democracia*, publicado em 1942, que o empreendedorismo é um motor de desenvolvimento econômico e o empreendedor é um agente do que ele chama de "processo de destruição criativa", ou seja, quem vai destruir produtos, mercados ou métodos antigos para criar algo novo.

Agora que você sabe o que faz um empreendedor, pode estar se perguntando: "Será que eu nasci com perfil de empreendedora?" Minha resposta é não, você não nasceu empreendedora, simplesmente porque ninguém nasce empreendedor! Ser uma empreendedora requer o desenvolvimento de diversas características ao longo da vida que incluem a história de cada um, a família, a escola, o meio em que vive, suas crenças etc. Se ser empreendedora é um estilo de vida, então, não se trata de um fator genético, mas sim de uma adaptação. E quais são as características que uma empreendedora deve ter para ser bem-sucedida? Será que você as tem? Para responder a essas questões proponho um teste que vai avaliar como anda seu nível de empreendedorismo.

Perfil da empreendedora — Teste das trinta características

Responda às trinta questões a seguir de acordo com sua realidade, ou seja, como você é nos dias de hoje, e não como quer ser futuramente.[1]

1) Sua maior motivação em empreender um novo negócio é:
a. ( ) Poder compor meu salário.
b. ( ) O desejo de realizar coisas novas.
c. ( ) Provar para as pessoas que não acreditam em mim que eu sou capaz.

---

[1] Este teste buscou referência nas características do perfil do empreendedor de sucesso citadas em PATI, Vera. *O empreendedor: descoberta e desenvolvimento do potencial empresarial.* In: PEREIRA, Heitor José. *Criando o seu próprio negócio: como desenvolver o potencial empreendedor.* Brasília: SEBRAE, 1995. O teste não tem caráter de pesquisa clínica, acadêmica ou oficial.

2) Como você se posiciona em relação aos riscos que um novo negócio traz?

a. ( )   Procuro correr riscos viáveis e possíveis de contornar.
b. ( )   Vou com tudo porque quem está na chuva é para se molhar.
c. ( )   Na iminência de qualquer risco prefiro não seguir em frente.

3) Quanto à sua forma de trabalho, você diria que:

a. ( )   Prefere seguir uma fórmula de sucesso já existente.
b. ( )   Precisa de liberdade para agir e definir suas metas e maneiras de alcançá-las.
c. ( )   Não é fã de traçar estratégias e prefere agir por tentativa e erro.

4) Quanto aos seus objetivos, você:

a. ( )   Sabe aonde quer chegar.
b. ( )   Tem uma ideia do que pretende, mas não sabe se é possível ou viável.
c. ( )   Prefere não criar expectativas que possam ser frustradas.

5) Qual seu nível de autoconfiança?

a. ( )   Já tive um negócio no passado que não deu certo (ou nunca fui um funcionário de destaque), por isso sou um pouco insegura, mas estou disposta a mudar.
b. ( )   Gosto de assumir grandes responsabilidades porque confio que vou dar conta.
c. ( )   Não tomo nenhuma atitude sem consultar família, amigos ou algum mentor.

6) Em relação à sua interação com outras pessoas, qual das respostas se encaixa melhor?

a. ( )   Não dependo de ninguém para agir e prefiro trabalhar sozinha.
b. ( )   Não dependo de ninguém para agir, mas sei trabalhar em parceria com outras pessoas.

c. ( )   Não faço nada sozinha; preciso contar com a participação de outras pessoas.

7) Quando as dificuldades aparecem, qual dessas atitudes melhor descreve suas reações:
a. ( )   Sou quase sempre pega de surpresa e isso me abala e enfraquece. Levo tempo para me recompor.
b. ( )   Sei que as dificuldades devem ser enfrentadas e não me abalo, mas prefiro focar no trabalho e delegar a resolução do problema.
c. ( )   Encaro as dificuldades como oportunidades de crescer e não abro mão de resolver de forma firme, incisiva e rápida.

8) Seu nível de otimismo é:
a. ( )   Baixo. Prefiro contar que tudo vai dar errado e ser surpreendida quando as coisas dão certo.
b. ( )   Moderado. Gosto de sonhar, mas mantenho os pés no chão.
c. ( )   Alto. Não considero que algo possa dar errado.

9) Quanto à flexibilidade, você:
a. ( )   É flexível sempre que julga necessário.
b. ( )   Acha que flexibilidade dá margem para indisciplina.
c. ( )   É flexível demais a ponto de aturar coisas que não deveria.

10) Quanto às suas necessidades e frustrações, você:
a. ( )   Administra bem e não se deixa dominar.
b. ( )   Teme passar por necessidade ou sofrer frustrações.
c. ( )   Reduz suas necessidades ao mínimo e procura não criar expectativas para evitar frustrações.

11) Diante de um novo desafio, você:
a. ( )   Fica com medo, mas o enfrenta.

b. ( ) Costuma subestimar os desafios e às vezes é reprovada por excesso de confiança.
c. ( ) O temor é grande e chega a paralisá-la diante de certas situações.

12) Em relação à satisfação das suas necessidades pessoais e as do trabalho, você:
a. ( ) Adia suas necessidades pessoais e prioriza as do trabalho.
b. ( ) Suas necessidades vêm em primeiro lugar, pois você não consegue trabalhar insatisfeita.
c. ( ) Fica sempre na dúvida sobre qual necessidade suprir primeiro.

13) Diante das dificuldades, como fica sua automotivação?
a. ( ) Na mesma. As dificuldades fazem parte da vida.
b. ( ) Fico abalada e busco motivação externa para me recompor.
c. ( ) Busco mais automotivação quando passo por dificuldades, pois sei que terei oportunidade de ter mais uma experiência.

14) Ainda diante das dificuldades, como fica sua autoestima?
a. ( ) Sinto que falhei e minha autoestima baixa a ponto de comprometer meu desempenho.
b. ( ) Minha autoestima fica um pouco abalada, mas faço um esforço para elevá-la.
c. ( ) Procuro mantê-la sempre em alta, independentemente das situações.

15) Quando você ou alguém próximo a você erra, geralmente suas atitudes são:
a. ( ) Quando o erro é meu me sinto culpada, mas quando alguém erra dou graças a Deus que não fui eu.
b. ( ) Vejo os erros como oportunidades para aprender, sejam erros meus ou dos outros.

c. ( ) Aprendo com os meus erros e não procuro saber do erro de ninguém, pois isso não vai me ajudar em nada.

16) Quando tem de recomeçar um projeto, ideia ou método, você:
a. ( ) Evita a todo custo e tenta fazer dar certo o que já está em curso.
b. ( ) Tem capacidade de recomeçar quando percebe que é necessário.
c. ( ) Desiste, pois se não deu certo uma vez, a tendência a dar errado novamente é muito maior.

17) Nas relações interpessoais, você:
a. ( ) Prefere trabalhar sozinha a maior parte do tempo por não ter muita facilidade em se relacionar com outras pessoas.
b. ( ) Consegue se relacionar bem com equipes pequenas, mas fica desconfortável quando o número de pessoas aumenta.
c. ( ) Não tem nenhum problema nas relações interpessoais, ao contrário, tem habilidade para se relacionar.

18) Com respeito ao trio liderança-motivação-coordenação de pessoas, você:
a. ( ) Tem facilidade em desempenhar esses papéis.
b. ( ) Desempenha o papel, mas não se sente confortável.
c. ( ) Não se vê desempenhando esse papel.

19) Quando surge um problema, como você costuma resolver?
a. ( ) Quase sempre da mesma forma.
b. ( ) Com criatividade, pois gosto de testar novos métodos.
c. ( ) Não sou uma boa solucionadora de problemas.

20) Quanto à delegação de tarefas, você:
a. ( ) Tem dificuldade de delegar, pois crê que ninguém vai resolver melhor do que você.

b. ( ) Delega com facilidade, pois confia no trabalho das outras pessoas.

c. ( ) Delega sem nenhum problema, pois confia mais no trabalho dos outros do que no próprio trabalho.

21) Em relação à sua agressividade, você costuma canalizá-la de que forma?

a. ( ) Aproveito a agressividade para conquistar metas, resolver problemas e enfrentar dificuldades.

b. ( ) Quando me sinto agressiva, a emoção toma conta e não consigo resolver nada.

c. ( ) Não sou uma pessoa agressiva.

22) Você confia na sua intuição para tomar atitudes?

a. ( ) Não muito, prefiro contar com a de terceiros.

b. ( ) Confio e gosto de dividir com algumas pessoas para avaliar se estou no caminho certo.

c. ( ) Só confio na minha intuição e não procuro ouvir a opinião de terceiros.

23) Com respeito à qualidade do trabalho, você considera que:

a. ( ) Todo trabalho deve ser feito com qualidade.

b. ( ) Há clientes que preferem preço baixo, então, a qualidade pode ficar em segundo plano.

c. ( ) A quantidade me faz ganhar mais, por isso, esse é o meu foco.

24) Quanto à contribuição social, você acredita que:

a. ( ) Empresas grandes é que devem ter programas sociais.

b. ( ) Creio que é sempre possível contribuir em questões sociais, mas ainda não pensei em como fazer isso.

c. ( ) Acredito que a participação social é um dever de todo cidadão e procuro direcionar parte do meu tempo para contribuir.

25) Qual é o seu nível de prazer em relação ao seu trabalho?
a. ( ) Sinto-me satisfeita e tenho prazer no que faço.
b. ( ) Não tenho prazer no que faço, e me sinto frustrada por nunca ter tido coragem de fazer o que gosto.
c. ( ) Não tenho prazer no meu trabalho atual, mas creio que é possível trabalhar com prazer e estou disposta a mudar de ramo/carreira/trabalho.

26) Como você administra seu tempo?
a. ( ) Trabalho o dia todo, correndo de um lado para o outro, mas ao final do expediente tenho a sensação de que não fiz nada.
b. ( ) Não sou muito disciplinada e sei que perco muito tempo em conversas ou coisas desnecessárias.
c. ( ) Coordeno bem o meu tempo e procuro não desperdiçar minhas horas de trabalho.

27) Você deseja ser bem-sucedida para:
a. ( ) Ter uma melhor posição na sociedade e ser reconhecida pelo que faz.
b. ( ) Estar bem consigo mesma e poder ter o que sempre quis.
c. ( ) Poder sentir-se útil e também ser útil à sua comunidade de alguma forma.

28) Qual trio abaixo define melhor sua atuação profissional?
a. ( ) Independência, segurança e confiança.
b. ( ) Espírito de equipe, colaboração e compartilhamento.
c. ( ) Independência, introspecção e autoestima mediana.

29) Quando você precisa de recursos ou informações das quais não dispõe, o que você faz?
a. ( ) Sou capaz de desenvolver recursos e obter as informações.
b. ( ) Espero o momento em que os recursos surjam e que eu tenha os contatos certos para obter as informações necessárias.

c. ( ) Busco pessoas que possam prover os recursos e trazer as informações necessárias.

30) Como você se posiciona em relação ao poder?
a. ( ) Não me atrai em nada.
b. ( ) Acredito que é importante que pessoas boas estejam no poder.
c. ( ) Acredito que o poder corrompe quem quer que seja.

Calcule sua pontuação

Some os valores da tabela a seguir segundo suas respostas.

1	11	21
a. 2 pontos	a. 3 pontos	a. 3 pontos
b. 3 pontos	b. 2 pontos	b. 1 ponto
c. 1 ponto	c. 1 ponto	c. 2 pontos
2	12	22
a. 3 pontos	a. 3 pontos	a. 1 ponto
b. 2 pontos	b. 2 pontos	b. 3 pontos
c. 1 ponto	c. 1 ponto	c. 2 pontos
3	13	23
a. 2 pontos	a. 2 pontos	a. 3 pontos
b. 3 pontos	b. 1 ponto	b. 2 pontos
c. 1 ponto	c. 3 pontos	c. 1 ponto
4	14	24
a. 3 pontos	a. 1 ponto	a. 1 ponto
b. 2 pontos	b. 2 pontos	b. 2 pontos
c. 1 ponto	c. 3 pontos	c. 3 pontos
5	15	25
a. 2 pontos	a. 1 ponto	a. 3 pontos
b. 3 pontos	b. 3 pontos	b. 1 ponto
c. 1 ponto	c. 2 pontos	c. 2 pontos

Lugar de mulher é onde ela quiser

6	16	26
a. 2 pontos	a. 2 pontos	a. 2 pontos
b. 3 pontos	b. 3 pontos	b. 1 ponto
c. 1 ponto	c. 1 ponto	c. 3 pontos
7	**17**	**27**
a. 1 ponto	a. 1 ponto	a. 1 ponto
b. 2 pontos	b. 2 pontos	b. 2 pontos
c. 3 pontos	c. 3 pontos	c. 3 pontos
8	**18**	**28**
a. 2 pontos	a. 3 pontos	a. 3 pontos
b. 3 pontos	b. 2 pontos	b. 2 pontos
c. 1 ponto	c. 1 ponto	c. 1 ponto
9	**19**	**29**
a. 3 pontos	a. 2 pontos	a. 3 pontos
b. 2 pontos	b. 3 pontos	b. 1 ponto
c. 1 ponto	c. 1 ponto	c. 2 pontos
10	**20**	**30**
a. 3 pontos	a. 2 pontos	a. 2 pontos
b. 1 ponto	b. 3 pontos	b. 3 pontos
c. 2 pontos	c. 1 ponto	c. 1 ponto

Resultado

De 30 a 45 pontos — Aspirante a empreendedora

Você demonstra características de alguém que ainda não está muito certa do que quer. É preciso definir bem o que você espera do futuro e acreditar mais em si mesma, esquecendo qualquer má experiência do passado ou até mesmo ausência de experiência. Empreender é algo bom, mas exige segurança, autoconfiança e um toque de ousadia. É ótimo que, com a leitura deste livro, você esteja dando o primeiro passo em relação a algo novo e desafiador, pois o desenvolvimento das características que lhe faltam no momento, como autoestima elevada, autoconfiança, independência e segurança, só virão com o conhecimento e a prática. Você pode e vai conseguir!

De 46 a 70 pontos — Empreendedora "cara e coragem"

Você tem características mais impulsivas, de quem não tem muita paciência para traçar estratégias e prefere fazer as coisas sem muito planejamento. Aquilo que não lhe agrada você logo delega para não tirá-la do seu alvo que é fazer, fazer, fazer. É preciso investir um pouco mais em desenvolver conhecimento e estratégias, pois isso poderá fazer com que você ganhe tempo. É muito positiva a confiança que você tem em si e nas pessoas que trabalham com você, portanto, continue com todo esse gás! No entanto, não subestime as demais características que focam no planejamento, pois elas irão ajudá-la na execução de suas tarefas.

De 71 a 90 pontos — Empreendedora rumo ao sucesso

Você já tem muitas características inerentes a uma empreendedora de sucesso, parabéns! Você é uma pessoa centrada, ponderada, que age com equilíbrio e busca empreender pelos motivos certos. O fato de ter este livro em suas mãos, apesar de já ter um ótimo perfil empreendedor, só confirma seu interesse em crescer e vencer. Você considera seu conhecimento como algo importante, mas não deixa de ouvir pessoas que possam ajudá-la a crescer. Se você mantiver esse espírito, o sucesso será uma consequência e, além de ser uma pessoa bem-sucedida, poderá ajudar e inspirar outros a entrarem para o mundo do empreendedorismo.

~ Capítulo 3 ~

SERÁ QUE VAI DAR CERTO?

Se há uma coisa com a qual os seres humanos de qualquer raça, classe social, escolaridade, cultura, crença — ou o que quer que nos divida, classifique ou rotule — terão de conviver durante toda a vida é a incerteza. Benjamin Franklin disse que as únicas coisas que podem ser dadas como certas são a morte e os impostos. Pois é, não dá para fugir nem de um nem de outro!

Quem começa uma faculdade não sabe se irá terminá-la, quem busca um emprego não sabe se vai conseguir a vaga, quem abre um processo não sabe se irá ganhar a causa, quem tem um filho não sabe se ele escolherá um bom caminho quando chegar à idade adulta. Mas espere! É preciso fazer uma ressalva após essas afirmações: estou me referindo apenas a pessoas inteligentes. Claro que existem os sabe-tudo, aqueles que não têm dúvida de nada, os cheios de certezas. Mas não é com esses que estou falando (até porque eles não ouvem ninguém). Um dos meus filósofos favoritos, Mario Sergio Cortella, nos alerta sobre esse tipo de pessoa em seu livro *Qual é a tua obra? Inquietações propositivas sobre gestão, liderança e ética*:

> Cuidado com gente que não tem dúvida. Gente que não tem dúvida não é capaz de inovar, de reinventar, não é capaz de fazer de outro modo. Gente que não tem dúvida só é capaz de repetir. Cuidado com gente cheia de certeza.

Os sabe-tudo de plantão são aqueles que raramente fazem alguma coisa por terem *certeza* de que não vai dar certo. Devemos ter muito cuidado com os sabichões, pois eles jamais se contentam apenas em não fazer nada, o que eles querem mesmo é que você não faça nada também. Os sabe-tudo querem convencer você de que não vale a pena empreender porque "se a sua ideia fosse tão boa, alguém já teria feito" e "se ninguém fez é porque existe uma razão para isso". Por fim, a frase preferida das pessoas cheias de certeza é: "isso nunca vai dar certo!" Veja que os sabe-tudo são capazes até de prever o futuro! O problema é que a "certeza" deles gera dúvida nos outros e a dúvida pode jogar sua carreira na lama. Devemos buscar o equilíbrio: em vez de ter certeza sobre tudo, o importante é não permitir que a dúvida nos paralise.

Conheci uma pessoa que dizia que jamais compraria um carro e (apesar de não ter onde cair morta) afirmava que o motivo não era falta de dinheiro, mas sim porque no Brasil impera a "indústria da multa", e ela não iria compactuar com isso. Quando eu disse que a solução seria seguir o código de trânsito para não ser multada, ela disse: "Você não entende... Mesmo que eu faça tudo certo eu vou ser multada da mesma forma porque *eu tenho certeza* de que os guardas têm que cumprir uma meta diária de multas e eu vou passar por um desses e ser multada na hora. Daí, *eu vou* descer do carro, falar um monte de coisas e acabar indo para a cadeia!" Caramba, ela sabia exatamente o que iria acontecer, com todos os detalhes, e estava fazendo o grande sacrifício de abrir mão de algo para evitar uma tragédia! Que atitude altruísta! Imagine-a usando seus "poderes" para prever grandes catástrofes naturais e salvando milhares de pessoas mundo afora. Quem sabe não seria o fim do terrorismo também? Alô NASA, ONU, FBI, Scotland Yard, Shin Bet! Vocês têm de contratar essa pessoa para ontem (contato *inbox*).

Como mencionei, não devemos nos fiar nas certezas dos outros, mas é evidente que não podemos ser um poço de dúvidas, como Cortella também menciona:

> *Claro, você não pode ser alguém que só tem dúvida, mas não tê-las é sinal de tolice. "Será que estou fazendo do melhor modo? Da maneira mais correta? Será que estou fazendo aquilo que deve ser feito?" Só seres que arriscam erram.*

A boa empreendedora não é aquela que nunca tem dúvidas, muito menos aquela que nunca erra. Você reconhece a boa profissional quando vê que ela não se deixa abater pelas dúvidas, mas luta para ser melhor e não permite que o medo a paralise. Quando erra, a empreendedora inteligente não desiste, mas segue em frente com mais experiência na bagagem.

Nós não temos todas as respostas e reconhecer isso é sinal de inteligência. Quando alguém menciona o dicionário como "pai dos burros" eu procuro ficar calada, porque se eu abrir a boca o tempo fecha... Como assim pai dos burros? O dicionário é pai daquele que quer aprender, daquele que reconhece que não sabe, mas quer saber, do interessado, do diligente, do que deseja se expressar usando as palavras certas da forma mais apropriada. Isso por acaso é definição de burro? Ora, vá ler o dicionário! Vá ler Cortella, que diz que "reconhecer o desconhecimento sobre certas coisas é sinal de inteligência e um passo decisivo para a mudança". Por que eu cito Cortella? Porque sou inteligente. Sim, sou inteligente para reconhecer que ele falou sobre isso de uma forma muito melhor do que eu falaria. Porque quero que neste livro esteja registrado o melhor conteúdo possível e isso não significa que ele tem de sair 100% da minha cabeça, ainda que meu nome esteja na capa. Posso dizer que sou escritora, mas não sei se posso dizer que sou autora de livros, pois tudo o que está nestas páginas veio do que aprendi com alguém, de alguma experiência de vida, de algum fato que aconteceu comigo ou com alguém que conheço. De certa forma, todas as pessoas com quem interagi, os livros que li, as palestras e os cursos em que estive presente têm uma participação na autoria deste livro. Ninguém faz nada sozinho, ninguém tem o poder de saber tudo e ninguém pode prever o futuro (nem mesmo os sabe-tudo!). Por isso, é normal ter dúvidas, desde que elas a façam buscar respostas e trabalhar para ser alguém melhor, mas não permita que elas a paralisem.

A dúvida geralmente surge de um medo e o medo é algo inerente ao ser humano, por isso, temos de aprender a lidar com ele. A boa empreendedora é aquela que age com cautela e acha um ponto de equilíbrio: não permite que o medo a impeça de agir, mas não age inconsequentemente. Vejamos um exemplo de medo paralisante. Certa vez, em um mês de abril, recebi uma mensagem no meu blog que dizia o seguinte:

> *Tenho 28 anos, já faz muito tempo que terminei o Ensino Médio e sempre quis cursar uma faculdade, mas nunca tive condições. No ano que vem vou cursar Psicologia (meu sonho!), porém estou com medo! Medo de não dar certo, de não conseguir, de não dar conta! Inseguranças... Fico em dúvida se vou conseguir me cuidar, cuidar do marido, da casa, estudar e trabalhar... Estou planejando tentar um acordo no meu emprego para, no ano que vem, trabalhar apenas meio período, mas sabe aquele medo do novo? Enfim, parece um medo de encarar a vida, estou sentindo muito isso. Penso: Será que vou conseguir aprender, guardar os estudos na cabeça, ter boa memória para me sair bem nas provas e na profissão? Você também trabalha muito e tem casa, marido, e você dá conta de tudo! Será que eu também sou capaz? Não sei, me dá alguma dica, por favor... Principalmente em relação à faculdade*

que é cheia de moças novas com 17, 18 anos e eu sou mais velha e cheia de responsabilidades, não tenho a cabeça fresquinha como a delas. Como vai ser? Me dá algum conselho sobre como estudar, porque não sei mesmo.

Note que a mensagem foi enviada em abril, portanto, a leitora estava cheia de medos do que poderia (ou não) acontecer no ano seguinte, antecipando sua aflição em, pelo menos, oito meses... E o que dizer de uma pessoa que se acha velha aos 28 anos? Ela estava considerando que passou do tempo de aprender, que não teria memória suficiente para fazer uma prova ou se sair bem na profissão, pensando que trabalhar, ter uma casa e um marido já é responsabilidade demais — mesmo que conseguisse fazer um acordo e trabalhar meio período. Quer dizer, uma pessoa totalmente insegura, sentindo-se incapaz de fazer algo que milhões de seres humanos fazem no mundo todo. Esse é o retrato de uma pessoa que deixa o medo tomar conta de si: ela se diminui ao mesmo tempo que vê o outro como um ser superior. Não sei de onde a leitora tirou que eu dou conta de tudo, até porque ela não sabe o que é o *meu* tudo.

É certo que faço muitas coisas: escrevo diariamente no meu blog, trabalho com meu marido em seu estúdio fotográfico, faço programas de TV e rádio semanalmente, escrevo artigos para jornais e revistas, escrevo livros e roteiros para filmes, ministro cursos, palestras, *workshops*, leio bastante e ainda reservo tempo para fazer colagem no meu *planner* (amo!). Sem contar que cuido de tudo em casa e meu tempo com meu marido é sagrado, mas isso está longe de ser classificado como "dar conta de tudo".

Há vários projetos que ainda não pude tirar do papel, há muitas mudanças que gostaria de fazer em casa, há viagens adiadas, visitas por realizar, eventos de amigos nos quais não consigo comparecer, cursos que adoraria fazer... Sem falar no francês que há anos venho tentando sair do *merci beaucoup* e não encontro um horário na agenda para encaixá-lo. *C'est la vie!* Sim, é a vida! Eu também não consigo fazer tudo o que gostaria, mas não é por isso que vou me achar incapaz e ficar insegura a ponto de permitir que o medo me paralise. Eu vou em frente, sempre olhando para o alvo e tirando do caminho qualquer coisa que impeça meu crescimento, ainda que ele não aconteça na velocidade que eu gostaria. Sem contar que comecei minha carreira de escritora aos quarenta anos, enquanto muita gente se acha velha aos trinta.

Faça-me o favor! E se você está curiosa para saber o que respondi para essa leitora, aqui vai: "Amiga, vai com medo mesmo. Não há como saber se você vai dar conta ou não. Valorize-se e vá em frente."

Ué, só isso? Sim, só isso! Tive de considerar que estava me dirigindo a uma pessoa que pensa demais, exagera na dose de negatividade e que se perde no meio de muita informação. Era preciso que ela focasse nas únicas coisas que poderiam fazer a diferença: não se deixar paralisar, não querer adivinhar o futuro e não se rebaixar. Pronto, esse é o segredo: foco. Nem eu nem você podemos fazer tudo o que queremos no tempo que queremos. Nós somos limitadas, por isso, temos de fazer escolhas e saber que ninguém é capaz de dar conta de tudo. Se eu preciso cumprir um prazo de trabalho não poderei sair para me divertir. Se não consegui diarista naquela semana vou ter de deixar algo de lado para poder arrumar a casa, lavar e passar. Se não pude encontrar as amigas por estar ministrando uma palestra em um sábado, vou me fazer presente mandando uma lembrancinha para elas. Ou seja, a gente faz o que é possível e só vai saber de fato como contornar uma situação quando passar por ela.

Por essas e outras eu sempre digo que a boa empreendedora é uma exímia solucionadora de problemas e não um ser sobrenatural que nunca passará por dilemas, dúvidas e medos. É certo que dificuldades virão, que você terá dúvidas, que sentirá medo e, em alguns momentos, poderá achar que não tem capacidade para assumir certas responsabilidades, mas isso não pode, de forma alguma, impedi-la de perseguir seus sonhos. Mantenha o foco nos três pontos importantes:

1) Vai com medo mesmo.
2) Em vez de tentar prever o futuro, faça o possível no presente.
3) Valorize-se.

Um exemplo disso foi quando recebi o convite para fazer um quadro no programa *Mulheres*, da TV Gazeta. A assessoria de imprensa da minha editora já havia fechado várias participações minhas em diversas emissoras de televisão, mas eram sempre para entrevistas, nunca para ser uma das atrações de um programa. A entrevista é muito mais simples, pois basicamente só é preciso responder ao que é perguntado. A princípio, a assessoria fez contato com a produção do *Mulheres* para que eu desse uma entrevista sobre finanças pessoais para a Cátia Fonseca, mas como o assunto é bem amplo, a produção pediu que enviássemos sugestões de temas mais específicos para que pudessem avaliar melhor. Lembro-me perfeitamente de ter enviado 19 sugestões de pauta para a entrevista, mesmo sabendo que escolheriam apenas uma.

A resposta foi a mais inesperada possível: eles não escolheram nenhuma delas e ainda por cima solicitaram outra: pediram que eu levasse ao programa sugestões de presentes criativos gastando pouco, já que era final de novembro e o Natal estava chegando, e que preferencialmente fossem presentes que as pessoas pudessem fazer em casa. Desculpem Cátia Fonseca, Ocimar de Castro e pessoal da produção, mas eu tenho de contar qual foi minha primeira reação!

Terminei de ler o e-mail e comecei respondendo que não sou artesã e, portanto, eu não tinha como levar sugestões de coisas que pudessem ser feitas em casa. Expliquei que amaria participar, mas que aquela pauta não estava dentro do meu tema e blá blá blá... Porém, de repente, tive um estalo! *Como assim "essa pauta não está dentro do meu tema"? Claro que está! Isso tem tudo a ver com finanças e se a demanda é essa, quem sou eu para dizer o contrário? Eu não vivo dizendo que empreender é aceitar um desafio após o outro? Como eu poderia pular fora de algo só porque seria diferente do que eu estava acostumada a fazer? Ah, não! Eu vou me virar porque não sou quadrada!*

Apaguei aquela resposta infeliz e usei a internet para uma coisa muito mais útil do que mandar uma resposta cheia de nhenhenhém: fui pesquisar e, claro, achei um monte de coisas legais que davam perfeitamente para ser reproduzidas em casa gastando pouco. Juntei umas cinco ideias bem interessantes que eu sabia ser capaz de dar conta e respondi que aceitaria participar da pauta. Detalhe: o programa é ao vivo! Não tem essa de "se errar faz de novo..."

Na resposta ao e-mail aproveitei para perguntar quantos presentes deveria levar (achando que cinco era um bom número) e eles responderam que uns dez ou doze estariam de bom tamanho. *Doze?* Tá bom, vamos em frente! Conclusão: trabalhei até duas da manhã e consegui preparar não 12, mas 18 ideias de presentes. Se eles não gostassem de alguns não teria o menor problema, pois havia opções de sobra!

O resultado foi muito melhor do que eu esperava, pois quando terminei o quadro recebi um convite para voltar na semana seguinte falando sobre o tema que quisesse. E assim passei a ser colunista semanal do programa, o que tem sido um prazer e um aprendizado enorme!

Quando aceitamos desafios com disposição para ir além da nossa zona de conforto, os resultados também vão além do que esperamos. Eu tive dúvidas, cheguei às portas de dizer não, mas parei para pensar e escolhi agir com a razão. Em vez de dizer "não", resolvi dizer "por que não?" Cheguei a pensar que poderia ser um fiasco, mas em vez de deixar essa dúvida me paralisar, decidi investir tempo e esforços para que não fosse um fiasco. Portanto, se você me perguntar se tenho dúvidas, a resposta é "Sim, tenho". Mas se você quer saber se dou ouvidos a elas, a resposta é "Não, nunca!" Você não pode escolher as perguntas, mas certamente pode decidir quais serão as respostas.

~ *Capítulo 4* ~

A MULTIESPECIALISTA

Segundo o dicionário Houaiss da Língua Portuguesa, especialista é o profissional "que se especializou em determinado domínio, conhecimento, atividade etc." Portanto, ser especialista em algo é saber tudo o que seja possível sobre um determinado assunto.

Se um paciente vai ao clínico geral sentindo muita sede, com ganho ou perda de peso, cansaço fora do normal, fome excessiva, visão embaçada e demora na cicatrização de feridas, levantará suspeita de diabetes. Com um exame rápido, feito ali mesmo no consultório, o médico mede o nível de glicose para obter algum indício da doença. Se a suspeita se fundamentar, o clínico geral encaminha o paciente para um endocrinologista, mas, dependendo do caso, o endocrinologista pode aconselhar que o paciente procure um diabetólogo, profissional especializado exclusivamente no tratamento de diabetes.

Nessa analogia, a empreendedora pode ser a clínica geral, a endocrinologista ou até mesmo a diabetóloga, mas o que ela não pode é achar que ter o conhecimento de uma única função será o suficiente. Ainda que você não exerça todas as funções, terá de ter um pouco de conhecimento de tudo o que é necessário em seu negócio ou em sua carreira. Você tem que se tornar multiespecialista.

Considerando que a maioria dos empreendedores começa seu negócio sem outros especialistas com quem possa contar, será preciso ter disposição para estudar cada um dos assuntos necessários para tocar o negócio e como desempenhar os diferentes papéis que ele demanda. E se você é funcionária de uma empresa, não se limite a saber apenas o que ocorre em seu departamento, mas procure compreender como a empresa funciona da forma mais ampla possível.

Veja o meu caso: sou jornalista e, como sempre tive afinidade com a escrita, segui por esse caminho. Trabalhei no departamento de marketing da Rede Record de Televisão escrevendo planos de patrocínio para os programas, depois fui para a imprensa escrita, atuando como editora de revistas no Brasil e na Argentina. Após alguns anos à frente desse trabalho, resolvi empreender e abrir um negócio totalmente diferente: um comércio atacadista de lingerie. Quando mudei de ramo, mas não me especializei no novo empreendimento, deu tudo errado! Mas essa experiência ruim deu origem à minha *expertise* em organização financeira e pagamento de dívidas o que, anos mais tarde, serviu de base para começar a escrever sobre o tema. Eu me aprofundo mais nessa história no livro *Bolsa blindada*.

Cheguei a perder o negócio e voltei à imprensa escrita trabalhando em um jornal em Londres e depois no Rio de Janeiro. Nas experiências anteriores, como funcionária, eu podia me limitar apenas a escrever (o que já me tomava todo o tempo disponível), mas quando assumi a chefia de uma redação vi que não bastava apenas escrever bem, era preciso desenvolver outra função: liderar pessoas. E você sabe que onde há pessoas, há conflitos. Passei a gastar mais da metade do meu tempo resolvendo atritos entre subordinados, tirando dúvidas, orientando e motivando a equipe e, tudo isso, só para manter a "roda girando". Eu me sentia frustrada por ter pouquíssimo tempo para exercer o que eu chamava de "minha função de verdade". Quando escrevia estava feliz, mas quando tinha de resolver problemas achava pura perda de tempo. Vivia reclamando que se as pessoas procurassem fazer sua parte com esmero, amassem seu trabalho e parassem de criar confusão, eu não precisaria ficar mediando conflitos. Na minha visão, o jogo estava rolando e eu, em vez de ser uma das jogadoras, estava na beira do gramado, saltando, gritando e animando todo mundo com pompons coloridos nas mãos...

Mais tarde percebi que realmente perdia tempo com a liderança da equipe, não porque fosse algo desnecessário, mas porque eu não havia me especializado em liderar. Era preciso ser jornalista e líder e aprender a equilibrar melhor meu tempo entre essas especialidades. Quando passei a me aprofundar mais sobre o que é ser líder e como desenvolver uma boa liderança, o exercício da função se tornou mais natural, mais rápido e, portanto, menos penoso. Aos poucos, liderar foi se tornando algo que me trazia tanto prazer quanto escrever.

Anos depois, assim que me casei, resolvi que deixaria minha carreira em segundo plano e que usaria minhas habilidades de liderança para ajudar no crescimento da empresa do meu marido, um estúdio fotográfico. Foi então que, mais do que nunca, a ficha da multiespecialização começou a cair de fato. Não havia várias pessoas para liderar diariamente como antes, pois as equipes eram formadas conforme a demanda de trabalho, a maioria terceirizada, e não havia lugar para minha especialidade em imprensa escrita. Meu pensamento foi: *O que eu faço agora já que minhas habilidades aqui não servem para nada?* Vi que as necessidades do estúdio eram outras e que eu teria de me adaptar se quisesse realmente fazer a empresa crescer. Fora isso, havia o medo de fracassar novamente, uma vez que eu tinha afundado um negócio próprio em questão de meses. Eu tinha de fazer aquilo do jeito certo!

Percebi que teria de me tornar o "departamento comercial" do estúdio, pois o que necessitávamos era captar mais trabalhos. Eu teria de entender de fotografia, pois trataria com diretores de arte, *art buyers* (compradores de fotografia) e outros profissionais que decidem as contratações. Então, lá fui eu — uma jornalista e executiva internacional trilíngue — novamente para a sala de aula. Fiz um curso livre de História da Fotografia e um curso prático para entender como as coisas funcionam no mundo das imagens, ou, como dizia meu professor, para "desenvolver meu olhar". Quando, porém, o contador telefonava para explicar que pagávamos muito imposto, que havia novas modalidades nas quais poderíamos nos enquadrar e que era preciso rever os gastos da empresa, vi que o curso maravilhoso de História da Fotografia não ajudava em nada. Outra vez comecei a estudar uma área totalmente nova, mas vital para o bom funcionamento da empresa, afinal, de que adiantava vender trabalhos, coordenar equipes e depois ver o dinheiro se esvaindo em despesas e custos altos e no pagamento de impostos além do que devíamos?

Ao longo dos anos fui percebendo que aprender é um verbo que toda empreendedora tem de estar disposta a conjugar sempre. Para crescer e vencer na vida não basta apenas ser especialista na sua área principal, seja ela qual for, mas quanto mais multiespecialista você conseguir ser, mais chances terá de se sair bem no seu negócio.

Sete anos depois de ter assumido as áreas comercial, administrativa e financeira do estúdio — e ver o quanto ele havia crescido —, percebi que, mesmo com tantas funções, eu já dispunha de tempo para voltar a fazer o que sempre amei: escrever. Não que durante esse tempo todo eu não tenha escrito nada, ao contrário, realizei vários trabalhos, mas nada que fosse um projeto realmente meu. Com o passar do tempo, adquiri experiência e isso fez com que o desenvolvimento de todas as multiespecialidades acontecesse com mais agilidade, assim, tive condições de assumir mais projetos.

Tendo na bagagem uma experiência que deu muito errado e outra que estava dando certo, resolvi começar devagar, assumindo poucas tarefas e analisando se aquele seria o caminho. Comecei a escrever

sobre finanças pessoais no blog da minha querida amiga
Cristiane Cardoso (www.cristianecardoso.com) e, depois
de dois anos, veio a ideia de escrever o *Bolsa blindada*, um
livro de introdução às finanças pessoais contando toda a
minha experiência no assunto e como é possível sair das dívidas, ainda
que pareçam estratosféricas (como era o meu caso). O sucesso do livro
me pegou de surpresa. É claro que não investi tempo e energia em algo
que achasse que seria um fracasso, mas jamais imaginei que tomaria
a proporção que tomou. Com isso, me vi novamente às voltas com a
demanda de outras especialidades: fui convocada para entrevistas em
emissoras de rádio e televisão e para fazer palestras. Passei a ouvir
e a assistir minhas participações, embora detestasse fazer isso, pois
precisava aprender as novas funções da melhor maneira possível.
Uma vez mais me coloquei no papel de aluna e fui estudar e trabalhar
para desenvolver novas especialidades.

Depois do lançamento do meu terceiro livro, *Virada financeira*,
vieram as colunas semanais na televisão e no rádio e mais palestras,
workshops e cursos *on-line*. Assim, acumulei várias especialidades:
jornalista, administradora, blogueira, escritora, palestrante, mentora,
colunista de TV e rádio. Esse é um exemplo claro de multiespecialização.

É evidente que nem todas as pessoas têm facilidade para desenvolver muitas facetas, mas é preciso que você busque ser essa multiespecialista em tudo o que puder. Ainda que não seja você a desenvolver determinada função, é preciso estar minimamente familiarizada com ela. Às vezes você precisará ser meio advogada, meio contadora, meio vendedora, meio relações públicas e isso deve ser visto como algo bom, pois toda vivência vai contribuir para sua experiência e toda experiência vai lhe proporcionar crescimento, seja ela boa ou ruim. Mas, veja bem, ser multiespecialista não significa ser como o pato que nada, anda e voa, mas não cumpre nenhuma dessas três funções com maestria. Trata-se de desenvolver mais habilidades com conhecimento.

E o conhecimento é o bem mais precioso que uma empresa pode ter, começando pelo proprietário e passando por todos os colaboradores. Acumular informações e saber usá-las no dia a dia é vital para o bom andamento de qualquer empreendimento. Mas é preciso saber que errar faz parte do processo. A empreendedora que não considera os erros que poderão acontecer e, portanto, não se prepara para vencê-los ou minimizá-los, será pega de surpresa e poderá colocar seu negócio em alto risco. É preciso saber o que devemos fazer, sem deixarmos de lado o cuidado com o que não devemos fazer. Isso não significa que você tenha de cometer os próprios erros, mas busque o máximo de informações possíveis sobre os erros dos outros. É o velho ditado: "pessoas inteligentes aprendem com seus erros, mas as sábias aprendem com os erros dos outros."

~ Capítulo 5 ~

OS INIMIGOS DO CRESCIMENTO

Há diversos inimigos que agem para que você fique estacionada exatamente onde está ou, de preferência, que dê uns passos atrás. Aliás, diga-se de passagem, quem pensa estar parada está, na verdade, regredindo. O mundo nunca para e, por estar em constante movimento, quem não se mexe fica para trás. Se você pensa que seu maior inimigo é seu concorrente ou o governo — mesmo com os impostos absurdamente altos — está enganada. Seus piores inimigos são aqueles que se desenvolvem dentro de você e vão minando aos poucos as suas características empreendedoras. E como a melhor forma de combater inimigos é conhecê-los, vamos a eles.

Comodismo

A famosa zona de conforto é o pior lugar onde uma empreendedora pode estar. Apesar de todo mundo saber disso, é muito fácil se deixar levar pelas circunstâncias e acabar exatamente à mercê dela!

Uma das coisas de que gosto muito é relaxar em uma banheira cheia de espuma, mas esse relaxamento só é possível quando a temperatura da água está no ponto certo. Quando está quente demais, você dá um pulo para trás porque simplesmente não dá para entrar, mas quando a água está na temperatura ideal é uma maravilha! Dá para relaxar, ler, pensar na vida, esquecer de tudo ao redor... Só que depois de um tempo, a água vai esfriando e o que estava super-relaxante começa a incomodar, mostrando que é hora de se mexer e sair dali! Assim é a vida de quem quer conquistar seu lugar: quando ela enfrenta situações com temperaturas tão altas que não dá para suportar, logo busca maneiras de amornar o problema e, quando ela entra em uma fria, logo quer cair fora, pois percebe que aquele não é o melhor lugar para se estar. O que quero dizer é que quando achamos que as coisas não estão do jeito que deveriam nós buscamos saídas e criamos estratégias para mudar de ambiente. É aí que aprendemos, ganhamos experiência e crescemos. Mas quando tudo está morno e passamos a achar que está tudo bem, relaxamos e nos esquecemos da vida. Quando a empresa está faturando, os clientes estão aparecendo aqui e ali, as contas estão sendo pagas e tudo está saindo como manda o figurino, nossa tendência é achar que sempre será assim, que "a água não vai esfriar", portanto, não precisamos fazer nada. Esse comodismo, porém, pode levar a empresa a uma posição ruim, pois geralmente nesses momentos nada é criado, inovações não são feitas, processos deixam de ser avaliados e tudo passa a correr do mesmo jeito, afinal, "em time que está ganhando não se mexe". Ao acharmos que está tudo bem, nos convencemos de que nada precisa ser feito e que nossa situação não requer nenhum cuidado. Mas a sabedoria está em considerar o conselho do apóstolo Paulo aos Coríntios: "Assim, aquele que julga estar firme, cuide-se para que não caia!" (1Coríntios 10:12).

A pessoa que deseja crescer e vencer na vida deve ser inquieta (não confundir com irritadiça, impaciente ou sem paz interior), buscando sempre fazer algo melhor, de um jeito melhor, para que sua empresa ou sua carreira seja cada vez melhor. Acomodação não pode fazer parte do vocabulário da boa empreendedora.

Conformismo

Em época de crise geralmente as pessoas saem do comodismo para entrar no conformismo. Elas não têm como se manter mais na zona de conforto — porque a situação não permite —, mas se deixam levar pela atmosfera negativa que paira no ar e traz aquele sentimento de que "está ruim para todo mundo", então, a solução é esperar a poeira assentar para ver no que dá. Dessa maneira, muitos se conformam com a situação e simplesmente não fazem nada porque começam a achar que nada pode ser feito.

Certa vez, assisti a um documentário sobre Hong Kong e seu grande crescimento obtido com o comércio internacional. Na década de 1980, Hong Kong já era uma das maiores economias do mundo, no entanto, seu crescimento estava chegando a um estágio de estagnação, pois contava apenas com um pequeno, antiquado e perigoso aeroporto. Em vinte anos aconteceram seis acidentes e a situação já havia passado de todos os limites aceitáveis. Dinheiro para construir um superaeroporto não era problema, mas havia um "detalhe" que tornava a construção virtualmente impossível: Hong Kong é uma ilha e já estava pequena demais para comportar seus habitantes e as construções existentes. Simplesmente não havia lugar para um aeroporto, ainda que houvesse dinheiro para construí-lo. Seria perfeitamente compreensível conformarem-se com a situação, afinal, a natureza não lhes deu mais terra e o que poderia ser feito a respeito disso? Mesmo assim, as autoridades locais não se deram por vencidas e idealizaram uma das maiores construções da engenharia civil de toda a história: criariam uma ilha artificial e, sobre ela, edificariam seu superaeroporto. Em junho de 1998, menos de dez anos depois, o que parecia impossível tornou-se real. Formaram a ilha, construíram um aeroporto com tecnologia de ponta e cresceram ainda mais.

O conformismo paralisa, faz com que a pessoa se prostre diante das situações e traz um grande perigo para quem vive sob a própria responsabilidade. Ser empreendedora, como vimos, é ser responsável por si mesma. Se você parar, tudo para. Se você se conformar, nada muda. A empreendedora deve ter sempre em mente esta frase de Albert Einstein: "O impossível só existe até que alguém duvide dele e prove o contrário."

Excesso de cobrança

Eu já sofri de um mal que uma amiga batizou de "síndrome do exemplo". Eu tinha que fazer tudo tão certo, tão preciso e tão pontual que qualquer descuido, erro ou falha alcançavam uma proporção enorme para mim. Eu pensava: investi tempo, energia, dinheiro e muito mais para tirar meu negócio do papel, então não dá para admitir nem um vacilo sequer... Bem, em termos... Tudo tem limite! "Tem que dar certo" deve ser um lema, mas não a qualquer preço, pois por mais que você queira ser bem-sucedida, pagar com a saúde, a família ou a própria paz de espírito não é nada inteligente.

Logo que coloquei meu blog no ar quase pirei... Além de escrever diariamente e moderar todos os comentários — o que já dá bastante trabalho —, comecei a receber muitas mensagens pedindo ajuda. Eram várias pessoas passando por situações de endividamento como eu passei e, por conhecer bem essa sensação horrível, eu me obrigava a respondê-las quase que imediatamente, afinal, elas não podiam esperar! A cada mensagem soava um bipe no meu celular e lá ia eu responder, fosse a hora que fosse. É claro que isso chegou a um ponto que eu não podia suportar mais, até porque comecei a notar que as urgências não eram tão urgentes assim. A gota d'água foi uma pessoa que mandou um e-mail enorme, detalhando todos os seus problemas e deixando claro que estava chorando muito enquanto escrevia, devido à gravidade da situação. Fiquei comovida, mas como era muito tarde e eu estava exausta, deixei para responder na manhã seguinte. O problema é que não consegui dormir pensando que aquela mulher poderia estar chorando, sentada na frente do computador esperando uma resposta minha! Levantei e fui responder. Mas só depois de duas semanas ela me escreveu, dizendo:

> *Oi, Paty! Desculpe por ter mandado aquele e-mail enorme. Eu estava tão nervosa que desembestei a escrever, mas depois que desabafei eu até esqueci, acredita? Lendo a mensagem vejo que eu estava doidinha porque a situação nem era tão grave, eu é que estava vendo coisas... Mas obrigada mesmo assim. Quando eu tiver um problema de verdade volto a escrever, afinal você acha tempo para responder, mas eu não tenho tempo nem para pensar!*

Depois dessa tracei limites para mim mesma. Agora reúno as dúvidas mais frequentes e preparo um texto, áudio ou vídeo respondendo a todas de uma só vez. As pessoas pararam de pedir atendimento exclusivo? Não! Elas começaram a reclamar que eu já não respondia tão rápido? Sem dúvida! Mas usei meus canais de comunicação para explicar que era impossível atender essa expectativa e que eu não tinha uma equipe para dar atendimento gratuito 24 horas por dia. Para ajudar, melhorei o sistema de busca no blog e as pessoas foram deixando de me perguntar tudo e qualquer coisa e passaram a pesquisar para encontrar as respostas.

Ainda recebo mensagens com o título "URGENTE" ou "CASO DE VIDA OU MORTE", assim mesmo, em letras maiúsculas, mas não posso parar tudo o que estou fazendo para atender todas as mensagens que entram na minha caixa.

Geralmente, quando nos cobramos demais acabamos permitindo que as outras pessoas façam o mesmo e nos cobrem coisas humanamente impossíveis de serem realizadas. Isso acontecia comigo em diversas situações, não só em relação ao trabalho. Eu não entendia, por exemplo, por que as pessoas me ligavam para perguntar o endereço da loja X para irem comprar o produto Y, se elas podiam perfeitamente encontrar no Google... Mas era muito fácil de entender, pois eu não dava apenas o endereço, mas também o horário de atendimento, o preço do produto e ainda sugeria outro local mais perto ou mais barato e isso o Google não faz! Eu achava que tudo o que fosse fazer tinha de ser perfeito, mas enquanto isso me consumia, todo mundo achava que eu fazia porque "não me custava nada".

Portanto, faça o seu melhor sim, mas não estabeleça padrões impossíveis de serem alcançados. A autocobrança é algo positivo, mas dentro de limites aceitáveis, caso contrário você vai viver pulando de frustração em frustração.

Individualismo

Começar a empreender sozinha não significa que você poderá fazer tudo sozinha, muito menos que não precisará de ninguém. Como mencionei anteriormente, ninguém faz nada sozinho, pois somos todos limitados, homens e mulheres, e ainda que nós mulheres sejamos multiespecialistas, jamais saberemos tudo o que há para saber.

É comum que a empreendedora, dona da ideia e do negócio, queira fazer tudo o que lhe seja possível. Nós sempre achamos (sim, eu me incluo) que faremos todas as coisas melhor do que qualquer um, afinal, é o nosso negócio. Mas nem sempre estamos certas. É preciso estar aberta a sugestões, ideias, novos processos e a dividir experiências com outras pessoas. Essas atitudes podem nos livrar de cometermos erros que outros já cometeram. Decisão que, sem sombra de dúvida, contribuirá positivamente para a empresa e a carreira.

Não estou dizendo que você vai sair contando para todo mundo o que pretende fazer ou deixando as coisas nas mãos de terceiros, mas que repense se o individualismo é a melhor das estratégias. Tente desenvolver um "detector de dicas" que seja capaz de filtrar o que é bom e deixar passar o que não serve. Procure sempre aprender com alguém, ouvir opiniões, ler, assistir a palestras e fazer tudo o que seja possível para trazer para o seu negócio ou a sua carreira algo que possa fazê-la crescer. Não pense que você vai achar todas as respostas por conta própria, pois nem sempre é assim. Acredite em si mesma, mas não desacredite dos outros.

Egocentrismo

Quando você empreende em determinada área é importante que saiba o máximo possível sobre ela. Quanto mais *expert* no assunto você for, melhor para você e, por consequência, para seu negócio ou sua carreira. Mas quando a pessoa começa a se achar *expert* demais, a coisa começa a desandar... Como gosto de ilustrar, vou contar a história do "tal do bananal".

Esse tal era um sujeito que começou a empreender com uma plantação de bananas e passou a se interessar por absolutamente tudo o que tivesse a ver com a fruta. Para ele, a banana não era mais simplesmente banana, mas sim, a fruta mais versátil entre todas as espécies frutíferas, o superalimento dos trópicos, a melhor fonte de vitaminas e sais minerais essenciais, o elemento "turbinador" da saúde, o elixir dos atletas e por aí vai. Depois ele passou a estudar sobre outras formas de se usar a banana, como para fazer biomassa, por exemplo. Aliás, biomassa não, o mais poderoso e completo alimento de todas as galáxias do universo. Tudo bem, eu estou exagerando um pouquinho, mas você já entendeu aonde quero chegar... Para ajudar, o nome científico da banana é musa, então, a banana passou a ser a musa da vida dele! Até aí, ok! Afinal, ele tinha mesmo que valorizar o produto e expor todas as vantagens que pode proporcionar. O problema é que ele começou a exagerar na dose, se autointitulando a maior autoridade no assunto, o ser supremo a ser consultado para tudo o que se referisse a bananas e seus derivados, o suprassumo do plátano, enfim, o tal do bananal! Até regras malucas para comer banana começaram a ser criadas e quem não soubesse comer banana "direito" nem era digno de ser seu cliente! Acabou ficando meio ridículo e, se fosse nos dias de hoje, aposto que teriam sido criados inúmeros "memes" nas redes sociais.

Quando o empreendedor passa a se achar mais importante do que o empreendimento a coisa pode desandar. O "tal do bananal" começou bem, mas quando deixou o ego falar mais alto passou a ser nada mais do que o chato da banana...

Sua empresa deve girar em torno do seu cliente antes de qualquer coisa, pois é para ele que você trabalha. Quando o produto passa a ser visto como algo mais importante do que o cliente ou o ego da empreendedora supera o negócio em si, só lhe restará fazer companhia ao tal do bananal.

Distrações

Podemos classificar como distração tudo aquilo que tira o foco do seu negócio. Mais adiante vamos falar sobre como administrar bem seu tempo e uma das maneiras é evitar as distrações. Porém, vale a pena citá-las como inimigas do seu crescimento, pois elas não nos fazem apenas perder tempo, mas também perder o foco.

O diretor de uma agência que prestava serviços para uma editora onde trabalhei decidiu levar o cachorro todos os dias para o escritório, pois percebeu que seus funcionários andavam muito estressados. No início, a medida foi excelente, pois todos na agência adoraram a ideia e, em pouco tempo, o cachorro era o queridinho dos funcionários. Aliás, não só deles, mas de nós clientes também. A primeira coisa que eu procurava quando chegava lá era o cachorro, pois era um prazer ter aquele ambiente de casa e ser recebida com todo carinho que só os cachorros sabem dar, ainda que nem conheçam a gente direito.

A questão é que o cachorro começou a tirar o foco do trabalho, pois os funcionários acharam que ele não podia ficar sozinho nem por um minuto e passaram a se revezar para lhe fazer companhia. O cachorro se acostumou e já não ficava em parte alguma sem que houvesse alguém por perto. A atenção que o cão passou a exigir foi tanta que ele não podia ouvir ninguém teclando no computador que já tentava subir na mesa para pedir carinho. Os passeios, que antes eram feitos duas vezes ao dia, passaram a acontecer com muito mais frequência porque ter o animal dentro da agência se tornou insuportável. No final, é claro que o dono foi obrigado a parar de levar o cachorro para o escritório, pois em vez de tirar o estresse dos funcionários, passou a tirar o foco.

Fique atenta a tudo o que exige demais sua atenção e a distrai de permanecer focada naquilo que é importante. Essa dica vale especialmente se você trabalha em casa, pois a quantidade de distrações é grande, além do que, não há um par de olhos fiscalizando tudo o que você faz. Mais adiante daremos algumas dicas para quem trabalha ou está considerando a possibilidade de trabalhar em casa.

Reclamações

Está comprovado cientificamente que a reclamação — além de não resolver nada — altera negativamente o cérebro humano. O cientista da computação e filósofo Steven Parton estudou bastante sobre o assunto e desenvolveu uma teoria muito interessante. Segundo Parton, o cérebro reproduz mais aquilo a que é exposto com constância. Ou seja, se você é exposto constantemente a reclamações, mais reclamações seu cérebro irá processar formando um ciclo de negatividade. Às vezes pensamos que reclamar é uma forma de desabafar, de colocar para fora o que nos incomoda. Mas, na verdade, estamos agindo negativamente e isso alterará nosso cérebro, nosso humor e até a forma de encarar a vida.

É preciso ficar atenta, pois podemos nos entregar às reclamações sem perceber. Começamos concordando com alguém que está "reclamando com razão" e daqui a pouco estamos repetindo seu discurso naturalmente. A atenção que devemos prestar não é somente em relação à nossa conduta, mas também a das pessoas com as quais convivemos. Estar ao lado de alguém que reclama é uma das coisas mais estressantes que podem existir. Você começa ouvindo e tentando não deixar aquilo entrar na sua cabeça, mas, ao se submeter às reclamações periodicamente, fica impossível não se deixar envolver. No final do dia você está uma pilha de nervos e nem consegue se lembrar do motivo. Portanto, tão importante quanto não reclamar é afastar-se de pessoas que reclamam. Sempre que publico sobre esse assunto no blog, invariavelmente recebo perguntas do tipo: "Moro com minha mãe e ela reclama o tempo todo. Como faço para não me envolver, já que não tenho como me afastar dela?" ou "O reclamão lá de casa é o marido e eu tenho que aturar. Já estou farta!" O que costumo aconselhar é que a pessoa não tente mudar a outra na marra, pois não vai funcionar; mas que mostre que a conversa está ficando chata e que não está resolvendo nada. Cedo ou tarde a pessoa vai ouvi-la. Isso aconteceu, infelizmente, com uma amiga muito querida que reclamava todos os dias no Facebook sobre o bairro onde morava. Dizia que era violento, que o supermercado era caríssimo e que tinha que pegar o carro e comprar em outro lugar, que as ruas ao redor estavam esburacadas, enfim, praticamente todos os dias havia uma postagem maldizendo o bairro e sua vizinhança. Um dia, mandei uma mensagem dizendo que ela estava fadada a nunca mais receber uma visita em casa, pois do jeito que ela reclamava parecia que morava em uma zona de guerra. Ela concordou e até parou por um tempo, mas depois tornou a reclamar. Finalmente, ela conseguiu mudar de lá e colocou o apartamento à venda e, adivinhe: não conseguia comprador! O apartamento é uma graça, muito bem montado e com uma planta ótima, mas a propaganda negativa que ela fez da região inibiu as pessoas de sequer fazer uma visita. Hoje ela reconhece que não deveria ter se entregado à reclamação, mas está pagando um preço bem alto.

Não deixe essa peste acometer o seu cérebro e prejudicar não só seu empreendimento, mas toda a sua vida. Cuide-se e, ao primeiro sinal de reclamação, fuja!

Elogios

Esses são um dos piores inimigos que alguém pode ter, pois eles vêm sempre travestidos de algo muito bom, afinal de contas, quem não gosta de receber um elogio? Porém, é aí que mora o perigo! As pessoas mais perigosas são aquelas que sempre têm um elogio (geralmente exagerado) na ponta da língua. Não estou dizendo que toda pessoa que lhe faça um elogio queira vê-la na lama, mas quem quer vê-la na lama vai usar essa estratégia cedo ou tarde. Muitas vezes, não é por mal que um elogio chega até você, mas ele pode se tornar algo muito ruim.

Receber só elogios pode fazer você entrar na tão temida zona de conforto ou levá-la a ficar se achando o máximo, igual ao "tal do bananal". Faz parecer que tudo está ótimo, quando pode não ser bem assim. Elogios demais cegam e tiram a autocrítica tão necessária a quem quer crescer.

Lembro-me de uma pessoa que publicou em seu Facebook um texto opinativo usando uma porção de palavras difíceis e que, para um leigo, poderia parecer até bem escrito. Porém, as palavras estavam muito mal empregadas e o texto não tinha o menor sentido. Mesmo assim os comentários traziam inúmeros elogios:

- *"Aí, sim! Falou bonito!"*
- *"Caramba, Fulano, eu nem sabia que você falava difícil assim. Não entendi nada, mas dou o maior valor em ser seu amigo!"*
- *"Arrasou na opinião, hein! Devia escrever para algum jornal!"*

- *"Ilustríssimo amigo, agora vou ter que fazer aulas de Português para travar uma conversa de alto nível com Vossa Excelência!"*
- *"Você tá escrevendo melhor do que muito jornalista profissional por aí!"*

Enfim, foi um festival de comentários sem noção (cheios de elogios) que o autor levou absolutamente a sério. Tão a sério, aliás, que escreveu para o dono de um jornal se candidatando a uma vaga como chefe de redação (sim, ele queria começar como chefe!), dizendo ter "provas" de que os textos dele no Facebook eram melhores e faziam mais sucesso do que as matérias dos jornalistas da casa. Ele terminou a carta dizendo que estava "dando a oportunidade" ao jornal de tê-lo em seu time, pois seria "a melhor aquisição que poderiam fazer".

Sei que esse é um exemplo meio extremo, mas acredito que você conhece pessoas que se deixaram levar pelos elogios e acabaram, no mínimo, fazendo papel de bobas. Prefira uma crítica construtiva a um elogio vazio, pois isso pode livrá-la de algumas situações embaraçosas.

~ Capítulo 6 ~

ADMINISTRAÇÃO DO TEMPO

Uma das primeiras coisas que uma pessoa que quer ser bem-sucedida vai perceber é que a expressão "tempo é dinheiro" é a mais pura verdade. Se antes a frase não fazia muito sentido, agora ela se tornará um lema! A empreendedora começa a perceber que para ganhar é preciso produzir, que lucro só se obtém quando uma venda é feita ou um serviço é contratado, e que retorno financeiro só existe de fato se ela for assertiva em suas ações. Aquele pensamento de que fazendo mal ou bem o salário vem não cabe mais na cabeça de uma empreendedora. Agora é tempo produtivo, saldo positivo; tempo perdido, saldo negativo! Perder tempo é um inimigo tão grande da empreendedora que reservei um capítulo inteiro para dar dicas de como administrar bem sua agenda e torná-la o mais produtiva possível.

Por que perdemos tempo?

Diversas pesquisas sobre o funcionamento do cérebro humano apontam para o fato de que, apesar de ter bilhões de neurônios e capacidade de dar inveja a qualquer supercomputador, nosso cérebro trabalha o tempo todo de forma a economizar energia. Segundo pesquisas realizadas por cientistas da Universidade Stanford, nos Estados Unidos, se houvesse um computador com o mesmo número de circuitos do cérebro humano, seriam necessárias quatro Usinas de Itaipu para produzir a energia que ele consumiria. Porém, ele gasta pouquíssima energia, cerca de vinte *watts*, menos do que uma lâmpada comum!

Além de gastar o mínimo de energia possível, o cérebro tem a função de manter-se saudável e, para isso, busca válvulas de escape contra o estresse do dia a dia. Agora você entende, por exemplo, porque uma pessoa assoberbada de tarefas no trabalho, com uma casa para cuidar, filhos, estudos, contas e muitas preocupações, não consegue se concentrar. É o cérebro dela que, sentindo-se sobrecarregado, busca formas de "aliviar" a quantidade de coisas a serem processadas.

A falta de concentração é uma das formas mais comuns de perdermos tempo, pois de que adianta estar em uma sala de aula por quatro horas se sua cabeça está nas nuvens? Quando o corpo está presente, mas a mente, ausente, você está perdendo tempo, afinal, de nada vai adiantar estar em um lugar fisicamente sem que seu pensamento esteja ali também.

Certa ocasião eu estava ministrando uma palestra em Porto Alegre e um dos primeiros *slides* mostrava a frase: "Corpo presente, mente ausente". Para exemplificar, disse às pessoas que estariam perdendo tempo se estivessem naquela palestra pensando nos problemas que teriam de resolver no dia seguinte, ou checando o celular a cada dez minutos. No final, um dos participantes me procurou e disse: "Tomei um susto quando você disse que era perda de tempo estar preocupado com o celular, pois eu estava pensando no meu! Percebi que não me lembrava de nada do que você disse antes disso porque estava buscando uma forma de sair sem atrapalhar para ir buscá-lo no carro... Perdi muita coisa?" Respondi que ele havia perdido uns dez minutos de vida, mas que se tivesse aproveitado os cinquenta minutos seguintes estava ótimo!

Procure estar concentrada e focada no que está fazendo no momento e, terminada a tarefa, aí sim, passe para a próxima. Isso vale especialmente para nós, mulheres, pois dizem que somos capazes de fazer várias coisas ao mesmo tempo, mas esse é só mais um fardo pesado que querem jogar nas nossas costas! Podemos dar conta de diversas tarefas diferentes durante o dia — eu que o diga! —, mas só podemos fazer uma coisa de cada vez.

Enquanto eu começava este capítulo, senti fome e percebi que já eram quatro horas da tarde e eu não havia almoçado. Em épocas de desenvolvimento de um livro novo é assim mesmo, perco a noção do tempo! Fui à cozinha, pré-aqueci o forno e, enquanto isso, coloquei um peito de frango já temperado em uma assadeira. Levei ao forno e marquei 45 minutos. Fatiei uma berinjela, uma abobrinha e uma cebola e distribuí em outra assadeira com azeite, sal e pimenta. Lavei o arroz, coloquei na panela elétrica e, antes de voltar para o computador, levei os legumes ao forno junto com o frango. Nos trinta minutos seguintes, me dediquei exclusivamente à escrita, pois o *timer* do forno me avisaria quando a comida estivesse pronta e a panela de arroz entra automaticamente em modo "manter aquecido", não sendo necessário desligá-la (viva os japoneses!). Com isso, pude me concentrar no livro sem precisar checar o forno a cada cinco minutos. Em questão de sessenta minutos escrevi parte do livro e preparei frango, arroz e legumes. Foram várias tarefas feitas em pouco tempo, mas não ao mesmo tempo!

Imagine agora se, em vez de ter feito o que fiz, eu fosse à cozinha, mas, antes, ligasse a televisão para dar uma espiadela nas notícias (já que eu trabalho em casa, por que não?). Enquanto procuro um canal, lembro-me de ligar para minha irmã e volto ao escritório para pegar o telefone. A TV fica ligada para o "além", enquanto eu vou para a cozinha falando ao telefone. Sem perceber, coloco o frango no forno sem antes aquecê-lo (o que vai fazer com que o tempo de cozimento seja maior). Enquanto minha irmã fala alguma coisa, escuto uma notícia na TV e não presto atenção no que ela diz. Aproveito e comento com ela a notícia que acabo de ouvir e ambas já não lembramos mais sobre o que falávamos... Corto os legumes, ainda ao telefone, mas com um ouvido na conversa e outro nas notícias. Percebo que me esqueci de colocar o *timer* e não me lembro a que horas coloquei o frango! Levo os legumes ao forno e chuto trinta minutos no *timer*... Desligo o telefone, mas algo na TV me chama a atenção. Tento entender a notícia, porém, a sensação de estar esquecendo algo não me deixa manter a concentração. Ai, caramba... o arroz! Corro para prepará-lo enquanto soa o *timer*. Droga! O frango está pronto, mas o arroz não... Paciência, vou esperar mais 15 minutos e tudo bem! Não vale a pena voltar ao escritório e escrever por apenas 15 minutos, então fico na frente da TV e vejo que começou um programa superinteressante, oba! Quando percebo, passaram-se duas horas. Atrasei o livro, o programa na TV não acrescentou quase nada à minha vida e, ainda por cima, vou ter que reaquecer a comida... Conclusão: tentar fazer um monte de coisas ao mesmo tempo faz com que nossa atenção fique dividida e torna-se muito mais fácil sermos levadas pelas distrações e perdermos tempo.

Precisamos ter cuidado com esse falso conceito de que é possível se concentrar em várias coisas ao mesmo tempo, pois isso simplesmente não existe. Pensar dessa forma só vai fazer você começar várias coisas e não terminar nenhuma de modo satisfatório. O tempo passa, você se cansa e o resultado não é o esperado, ou seja, você só perdeu tempo.

Outra tática que o cérebro usa para economizar energia é a procrastinação, ou seja, o hábito de adiar as coisas. Que me desculpem os homens, mas nesse quesito o time masculino é campeão! É aquela velha história da esposa que diz ao marido que a lâmpada da varanda ainda está queimada e ele responde: "Já sei, já sei... Eu vou trocar, não precisa ficar me lembrando a cada seis meses!" Brincadeiras à parte, a procrastinação é um péssimo hábito, pois tira as coisas da esfera do importante e as coloca na esfera do urgente, quando já não temos mais tempo para fazer algo bem-feito. Vamos ver isso mais adiante no item "A tríade do tempo".

E uma última "sabotagem" do nosso cérebro em relação à perda de tempo é a busca por válvulas de escape. Quando nós mulheres estamos preocupadas com um trabalho importante que temos de entregar em um prazo curto, por exemplo, nosso cérebro se sente sobrecarregado e começa a incomodar: você sente vontade de ir ao banheiro, de comer alguma coisa, de dar uma volta, de falar com alguém... Mas isso nada mais é do que seu cérebro querendo aliviar aquela preocupação de alguma forma, sem saber que está sabotando seu trabalho! Mas se você vence esses incômodos e decide se concentrar é possível manter o foco e executar a tarefa.

Com isso, vemos que, apesar de termos fatores cientificamente comprovados jogando contra a produtividade do nosso tempo, podemos agir de forma a condicionar nosso cérebro a manter o foco e não se deixar levar pelas distrações. Seu cérebro é poderosíssimo e, apesar de buscar sempre o caminho mais fácil para gastar o mínimo de energia possível, você pode assumir o comando, desde que esteja disposta a domar essa fera!

Ladrões de tempo

Basicamente os ladrões de tempo são coisas que nos distraem e tiram nosso foco do que é realmente importante. Hoje em dia temos vários deles à nossa volta e sobre nossa mesa de trabalho. Alguns até emitem alertas com o intuito de chamar nossa atenção, pois, além de ladrões, eles são carentes! Você os conhece bem: redes sociais, aplicativos de celular, e-mails etc. Mas não é só a tecnologia que rouba nosso tempo, telefonemas e conversas fora de hora têm o mesmo efeito.

Para quem trabalha em casa, as distrações se multiplicam. A roupa para lavar, o sofá da sala (que nos dias de inverno convida a uma sessão chocolate quente, coberta e livro), a televisão, visitas inesperadas, a geladeira vazia pedindo "recarga" urgente, os familiares que pedem coisas como se você não estivesse trabalhando. Mas apesar de os ladrões de tempo serem muitos, basta que apenas um deles tenha sucesso e sua produtividade já pode ir por água abaixo. Por isso, aqui vão algumas dicas do que fazer para não deixar esses ladrões roubarem seu tempo.

Redes sociais

Elas estão nos computadores, *tablets* e celulares e é praticamente impossível uma pessoa nos dias de hoje não fazer parte de alguma rede social. Se por um lado as redes facilitam a comunicação entre as pessoas e a ampliação do networking, por outro, elas têm sido uma das grandes vilãs da baixa produtividade. Para as pessoas que as utilizam em seu trabalho é realmente difícil não dar aquela espiadela na *timeline* para checar os assuntos do dia. Mas, veja bem, não é preciso banir as redes sociais da sua vida para aumentar a produtividade, e sim saber administrá-las para que joguem a seu favor. Uma dica é fazer intervalos entre uma tarefa e outra para checar suas redes. É uma espécie de gratificação: terminou a tarefa, pode fazer um intervalo de cinco minutos para dar uma olhada no movimento do Facebook, Instagram, YouTube, Twitter etc.

Se você tem uma página empresarial ou *fanpage*, mantenha certa frequência para novas postagens e uma rotina de horários para checagem de comentários, pois duas coisas são muitos ruins para sua página: parecer que foi abandonada e deixar comentários esperando resposta durante muito tempo. Outra dica é abster-se de entrar em polêmicas que vão tomar tempo e energia. É claro que há assuntos que merecem um posicionamento de nossa parte, mas entrar em discussões para provar pontos de vista vai demonstrar que estamos sem nada melhor para fazer... Se você se expõe demais e passa muitas horas nas redes se fazendo presente o tempo todo, além de perder tempo, acabará passando uma imagem de desocupada.

Pense que as redes sociais são como uma festa: você deve escolher bem o que vestir, que penteado vai usar e qual maquiagem combina mais, porém, também é preciso saber como interagir com as pessoas e, principalmente, a hora de ir embora!

WhatsApp

O aplicativo está tão presente hoje em dia que todas as vezes em que foi bloqueado, causou comoção nacional! As mensagens instantâneas têm o intuito de facilitar nossa vida agilizando a comunicação, mas seu uso se alastrou tanto que agora até parece que o WhatsApp virou uma espécie de pré-ligação, sendo cada vez mais comum mensagens como, "Posso te ligar? Você está ocupada?"

A possibilidade de formar grupos é outra coisa positiva já que, publicando um texto apenas uma vez, todos os interessados são alcançados. Porém, como tudo tem seus dois lados, o aplicativo também pode ser uma grande dor de cabeça e um ladrão de tempo daqueles!

Veja algumas características que fazem do WhatsApp um ladrão de tempo:

- A obrigatoriedade de responder instantaneamente toda e qualquer mensagem;
- Ocupar todo o tempo vago com troca de mensagens, ainda que desnecessárias;
- Participar de grupos que não acrescentam nada, só para não ficar sobrando;
- Acompanhar conversas paralelas nos grupos para "ficar por dentro";
- Quando torna-se um vício.

Os grupos, apesar de terem sido idealizados para nos fazer ganhar tempo, podem ser um problema em algumas ocasiões. Nem sempre todos os assuntos tratados interessam a todos os componentes e, geralmente, se formam conversas paralelas que, incrivelmente, podem durar muito tempo. Lembro-me de sair de uma palestra de uma hora e meia de duração e a pessoa que estava comigo, ao checar o telefone, disse: "Meu Deus, 85 mensagem do meu 'whats'!" Preocupada, perguntei: "Alguma coisa urgente?" Depois de uns minutos se inteirando da conversa, ela respondeu: "Não é nada... Só o pessoal do escritório zoando com um colega que cortou o cabelo!"

Devemos ter regras claras quanto ao uso de aplicativos como esse. Por exemplo: quando me colocam em grupos que não me interessam, eu excluo meu número do grupo, pois se a pessoa não pediu minha opinião antes de me adicionar a ele, não preciso dar satisfação quando saio. Grupos em que preciso estar, mas que começam a manter conversas paralelas ou mandar recados que não me dizem respeito, não me manifesto, apenas silencio e só checo quando posso. Outra determinação é que não respondo (nem envio) mensagens antes das 8 da manhã ou depois das 10 da noite, a não ser que seja algo realmente importante. Defini essas regrinhas, pois creio que o controle do meu tempo depende de mim e tudo o que pode tirar esse controle das minhas mãos deve ser posto no seu devido lugar. Afinal, não tem cabimento justificar um atraso ou descumprimento de prazo colocando a culpa no WhatsApp! Percebe como não faz sentido entregar o controle da sua agenda às circunstâncias?

Considere o que é melhor para você e faça suas regras, sem se esquecer de que as pessoas também podem ter as próprias regras, e você não deve quebrá-las. Um dos erros frequentes que tenho visto novas empreendedoras cometerem é formar um grupo imenso de contatos para vender seus produtos ou serviços ao maior número de pessoas possível. A intenção é boa, mas, particularmente, acho muito chato ser interrompida por um alerta de mensagem que me oferece uma calça tamanho 44 com o texto "última peça, você vai ficar maravilhosa nela!" A pessoa nem se deu ao trabalho de formar grupos conforme o tamanho do manequim das clientes... Como eu ficaria maravilhosa vestindo uma peça que nem sequer é do meu tamanho? Pura conversa de vendedor sem noção! Usar o aplicativo como um canal extra para captar vendas é muito legal, mas temos que usar de bom senso.

Comunicação truncada ou sem objetividade

Não são todas as pessoas que têm facilidade para se comunicar, porém, o mundo atual cada vez mais impõe que sejamos boas comunicadoras. Seja na escrita ou na fala, precisamos estar constantemente melhorando nossa forma de transmitir e compreender informações. Isso porque as agendas estão cada vez mais cheias e ninguém tem tempo (nem paciência) para ouvir longas explicações, cheias de rodeios e informações truncadas.

Nos meus *workshops* sempre oriento as pessoas a treinarem suas formas de comunicação para poder aprimorá-las cada vez mais. Quem não escreve muito bem, em vez de ficar fugindo cada vez que precisa preparar um texto, deve reservar tempo para um exercício muito simples e eficaz.

Escreva uma narrativa de algo que aconteceu no seu dia, em uma festa ou nas férias. Depois leia e vá melhorando tudo o que for possível no texto. Reescreva as frases que não ficaram muito bem construídas, troque palavras que não estão tão legais e leia novamente, mas, desta vez, em voz alta. Faça pausas curtas nas vírgulas e um pouco mais longas nos pontos para verificar se a pontuação está correta. Se perceber que a leitura está cansativa até para você mesma, é porque o texto não está atraente ou porque ficou longo demais. Comece de novo dando uma "nova cara" e tornando-o mais direto. Se você perseverar nesse exercício, vai chegar um momento em que passará a gostar de escrever a ponto de mostrar seus textos para outras pessoas. Pense que é a mesma situação de quem começa a desenhar: os primeiros rascunhos geralmente vão para o lixo, mas depois de algum treino, a pessoa já se sente mais confiante a ponto de exibir suas primeiras criações.

E estabeleça uma regra de ouro: sempre que redigir um texto, mesmo que seja uma mensagem instantânea ou um e-mail curto, tenha o cuidado de ler antes de enviar. Mandar uma mensagem mal escrita para tentar economizar tempo pode causar uma tremenda confusão que vai lhe roubar mais tempo ainda, além de lhe trazer grandes dores de cabeça. Mensagens truncadas são muito comuns, assim como são comuns os erros causados por elas. Imagine que escrever, ler e reler é uma espécie de "controle de qualidade", e invista o tempo que for necessário.

Para falar melhor, uma das dicas é se exercitar na frente do espelho. Pode parecer bem ridículo, mas é um ótimo exercício. Se puder treinar na frente de uma câmera, melhor ainda! Quando você se vê ao mesmo tempo que se ouve, percebe se suas expressões estão de acordo com o que você quer transmitir, se seu tom de voz é apropriado, se faz careta ao falar, se movimenta demais as mãos etc.

Eu, por exemplo, percebi que quando falava sério minha expressão não era de quem estava séria, mas sim de quem estava brava; e quando estava falando normalmente minha expressão era de quem estava muito séria! Eu não tinha essa noção até assistir a uma entrevista minha na TV. "Por que não treinei no espelho antes?", eu me perguntava sem parar! Também notei que eu dava uma volta tremenda para explicar alguma coisa. Eu mesma fiquei cansada daquela enrolação! Com isso (e com os toques de "vamos acelerar" do Ocimar de Castro!), fui aprendendo a ser mais objetiva no meu modo de falar.

Outra coisa que me ajudou muito foi gravar no celular marcando o tempo. Explicava algum fato e, em seguida, escutava para ver se eu tinha enrolado ou me perdido em alguma parte. Depois gravava novamente tentando ser mais objetiva para diminuir o tempo. Gravando três ou quatro vezes a mesma fala, percebi que começava com cinco minutos e terminava com menos de três, ou seja, metade do que eu dizia não fazia a menor falta. Dessa forma, fui aprendendo a ser mais direta, o que economiza tanto o meu tempo quanto o do interlocutor.

Informações truncadas são fontes constantes de mal-entendidos. Lembro-me de um exemplo bem simples que aconteceu quando meu marido trocou de assistente. Como ele é fotógrafo, uma de suas muitas atividades é pensar no cenário que usará para determinada sessão de fotos. Certo dia, antes de sair para uma foto externa, ele instruiu sua nova assistente a preparar um cenário: "Você deve pintar esses cubos de vermelho. A tinta e o rolo estão na sala de produção. Vamos fotografar usando os cubos amanhã bem cedo". O assistente anterior era um rapaz que sabia o que meu marido queria só de olhar para ele; a nova, porém, não o conhecia muito bem, não tinha experiência em estúdio e jamais havia pintado um cenário. Com boa vontade, ela entrou na sala de produção e voltou com a primeira tinta vermelha que encontrou e um rolo pequeno. Passou a tarde toda pintando os cubos e foi embora orgulhosa de ter cumprido sua primeira tarefa sem a supervisão do chefe. Mas quando meu marido chegou e sentiu o cheiro da tinta a óleo no estúdio, deu um tapa na própria testa: "Ah, não... Ela pintou com tinta a óleo o que era para pintar com látex! Isso não vai secar nunca! E essas manchas? Ela usou um rolo pequeno e era para usar um dos grandes!"

Fiquei muito chateada por ver o trabalho perdido, mas como havia escutado a instrução, tive que defender a assistente, afinal, ela havia feito exatamente o que ele mandou, do jeito que ela entendeu...

Na pressa, e acostumado ao fato de que o outro assistente saberia qual tinta e rolo usar, meu marido passou uma informação que, para a nova assistente, chegou truncada. Muitas vezes, querendo agilizar demais as coisas, não investimos tempo em instruir as pessoas de uma forma coerente e direta. É preciso sempre tentar evitar os mal-entendidos, ainda que saibamos que de vez em quando isso será inevitável. Depois não adianta vir com a frase "Sou responsável pelo que falo e não pelo que você entende!" A boa comunicadora é responsável por passar a informação da forma mais clara possível e checar, de alguma maneira, se ficou bem entendida por seu interlocutor. Isso vale para todos os níveis de comunicação.

Certa vez presenciei um caso curioso em um elevador. No horário de pico e com a recepção cheia de gente, o elevador chega e todos querem entrar e sair o mais rápido possível. Porém, a ascensorista, sem pressa, pergunta um a um: "Qual seu destino?", e as pessoas se limitavam a dizer apenas o andar. Para checar, ela perguntava: "Segundo andar, área comercial?" Com a segunda pergunta, percebi que várias pessoas davam o andar errado, pois queriam ir para outra área. Então, ela já informava o andar correto e marcava no painel. Por fim, com todos "a bordo", eis que vem correndo uma mocinha e para a porta do elevador com a mão. Entra bufando e não diz nada. Como de costume, a ascensorista pergunta: "Qual seu destino?" E a moça responde mal-humorada: "Vou descer". Com o elevador parado, a ascensorista diz: "Você precisa se expressar melhor, qual seu destino?" E a moça, sem graça, responde: "Estacionamento!" Nossa "piloto" informa que só os elevadores do outro lado do corredor dão acesso ao estacionamento e pede que ela desça. Percebo que há pessoas que já estão perdendo a paciência com a demora, mas quando as portas se fecham a ascensorista diz: "Aqui ninguém perde tempo indo para o destino errado!" Com isso, todos pareceram aprovar o sistema de comunicação que ela estabeleceu — inclusive os sem paciência —, pois era sua tarefa deixar todos no local certo e evitar que pessoas sem autorização transitassem pelo prédio inteiro. Tarefa cumprida e, de quebra, uma lição que não vou esquecer tão cedo!

Portanto, empenhe-se em treinar suas habilidades de comunicação. Tenha autocrítica e exercite-se. Dessa forma, você não só vai se tornar uma melhor comunicadora como também vai economizar tempo.

Má escolha do meio de comunicação

Esse é outro assunto muito importante e que deve ser considerado antes de nos comunicarmos: escolher qual a melhor forma para fazer isso. Essa escolha depende de fatores como: urgência, tipo de mensagem, tamanho do texto, se requer arquivamento etc.

A má escolha do meio de comunicação pode causar uma enorme perda de tempo, principalmente quando requer duplicidade na comunicação. É aquele caso tão comum de, após explicar tudo para o cliente por telefone ele encerra a ligação dizendo: "Você pode me mandar tudo isso por e-mail?" Quando isso acontece comigo, já faço uma anotação mental de que aquele cliente "funciona" melhor por e-mail e passo a me comunicar com ele dessa forma.

Por outro lado, e-mails extensos são ineficazes, pois geralmente as pessoas não têm tempo de ler (ou têm preguiça mesmo!). Nesse caso, seria melhor um telefonema ou até uma reunião. Por outro lado, assuntos mais objetivos, ainda que envolvam várias pessoas, nem sempre precisam ser resolvidos colocando um monte de gente em uma sala. É frustrante sair de uma sala de reuniões pensando: "Pois é... Mais um assunto que poderia ter sido resolvido com um e-mail!"

No caso de se tratar de uma informação que precisar ser arquivada, a dica é fazer um texto em tópicos, pois facilita bastante a leitura, e enviar por e-mail. Para mensagens urgentes, um telefonema ou mensagem instantânea fora de hora são justificáveis. Por outro lado, não querer incomodar e enviar uma urgência por e-mail não tem cabimento.

Dificilmente você vai conseguir estabelecer uma única forma de comunicação com seus clientes, pois, como vimos, a escolha do meio depende de uma série de fatores. Por isso, busque se comunicar bem em todos os canais e fazer a melhor escolha do meio, assim você evita mal-entendidos e coloca mais um ladrão de tempo atrás das grades!

Ferramentas para administrar o tempo

Confiar apenas na memória também pode causar grandes perdas de tempo (e até de dinheiro). Por mais que você tenha uma boa memória e costume se lembrar de todos os seus compromissos, não se fie 100% nela. Manter uma agenda, seja de papel, no computador, um *planner*, ou adotar algum aplicativo, é essencial para administrar bem o tempo, principalmente para quem está começando um novo negócio e não sabe ao certo que rumo seu trabalho irá tomar.

Conheço pessoas que eram bem organizadas e produtivas quando trabalhavam em um escritório, com horário de almoço definido e com todas as ferramentas necessárias sobre a mesa, mas que se perderam totalmente quando tiveram de começar a trabalhar na rua, visitando clientes. Isso significa que, se você é produtiva hoje, desempenhando certa função, pode ter de passar por certas adaptações quando receber outros desafios ou começar um novo negócio.

É preciso estar antenada com as ferramentas que podem ajudá-la a planejar seu dia, para que você não chegue ao final do expediente com aquela sensação de que não fez nada.

Quando você percebe que não são apenas as tarefas ligadas ao trabalho que precisam ser consideradas, se dá conta de que é bem difícil lembrar-se de tudo e vai desejar ter uma assistente pessoal. Mas saiba que você pode ter, ainda que não seja de carne e osso! Há diversos programas que facilitam nossa organização e auxiliam na tarefa de administrar o tempo. Há aplicativos que podem enviar lembretes emitindo avisos sonoros para praticamente tudo, outros que atuam como uma agenda virtual que pode ser compartilhada, enfim, as opções são inúmeras e cabe a você escolher a que melhor se adapta ao seu jeito. E lembre-se: não são apenas as tarefas de trabalho que precisam ser consideradas na sua agenda. Tempo para café da manhã, almoço, para os cuidados com a casa e até mesmo lembrar-se de tomar água, tudo isso é fundamental, mas nem sempre consideramos, por mais estranho que possa parecer.

Se você tem uma empresa, comércio ou trabalha em casa, também é importante predefinir datas e horários para realizar tarefas básicas que, muitas vezes, são negligenciadas por parecerem menos importantes, como limpeza e compras de material de escritório e de limpeza. Não espere um item acabar para repor, pois isso pode prejudicar o andamento do seu negócio. Perceber que não tem papel sulfite no momento de imprimir um documento ou uma apresentação para um cliente não só fará você perder tempo, mas também poderá trazer algum prejuízo. Ou o que dizer de um cliente que chega de surpresa e vê seu local de trabalho sujo e bagunçado? Todas as tarefas são importantes, portanto, tenha uma agenda onde todas elas se encaixem.

Não saber dizer não

Este é um ladrão de tempo que vem disfarçado de "dona Boazinha". A pessoa que tem dificuldade em dizer não costuma assumir mais tarefas do que seu tempo permite, vive enrolada e, geralmente, com um alto grau de estresse.

É preciso entender que o não é uma resposta tão possível quanto o sim, e que nem sempre dá para agradar todo mundo. Nem mesmo o cliente. No afã de atender seus clientes em todas as suas solicitações, muita gente alonga o tempo de trabalho e sacrifica as horas de lazer ou que deveria estar com a família. É claro que haverá momentos — muitos até — em que uma empreendedora terá de sacrificar seu tempo em prol de seu negócio ou de sua carreira, mas o problema é quando isso passa a ser uma constante. Perder horas de sono de vez em quando para entregar uma encomenda ou trabalho urgente não é necessariamente um problema, mas sacrificar o sono cada vez que surge um pedido torna a rotina de qualquer pessoa insustentável. É preciso lembrar que nenhum CNPJ vale um AVC, por isso, a empreendedora inteligente deve não só saber dizer não, mas também em quais ocasiões dizer e deixar claro seus motivos.

Quando você justifica para o cliente que não vai poder atendê-lo porque não terá tempo hábil e o trabalho não ficará como deve, você demonstra respeito por ele e valoriza seu produto ou serviço. Mas se você optar por dizer sim e abrir uma exceção para um cliente, deve deixar claro que aquele não é o procedimento normal e que você está saindo do padrão para atendê-lo. Dessa maneira, você evita de deixar o cliente "mal-acostumado" e querer que a exceção vire regra. O bom diálogo ainda é a melhor maneira de mantermos as negociações às claras, mesmo que você tenha que dizer não de vez em quando.

Não perder tempo é o contrário de nunca ter tempo

Tem gente que acha superglamoroso dizer que não tem tempo para nada. Não estudo porque não tenho tempo. Não me exercito porque não tenho tempo. Não vou ao médico há anos porque não tenho tempo. Quando ouço coisas desse tipo logo penso que não se trata de uma questão de excesso de trabalho, mas sim de má administração de tempo.

Quando você aprende a organizar seu tempo, a classificar as tarefas que tem a realizar e a priorizar o que realmente é relevante, você acaba fazendo tempo para tudo. Sim, a expressão é essa mesmo: fazer tempo. Quando você considera importante acompanhar seu filho em um evento na escola, você faz tempo para estar com ele. Mas se você não dá tanto valor, acaba colocando o compromisso na classificação "se der eu vou" (que, no final das contas, é o mesmo que dizer, "não estarei lá"). Ter controle do seu tempo lhe dará mais autonomia e liberdade para gerenciar seus compromissos. Quando você utiliza bem seu tempo, geralmente se coloca à frente dos prazos, e não correndo atrás deles.

Muitas pessoas que tentaram administrar blogs e não deram conta me perguntam como consigo ter tempo para escrever diariamente no meu. Elas alegam que seus blogs demandavam um tempo que elas não tinham e que, por isso, acabaram abandonando seus projetos. A verdade é que eu também não disponho de tempo, mas procuro fazer tempo para o meu blog. Geralmente, separo um momento na semana para escrever três ou quatro posts de uma vez só e já os deixo programados para os dias seguintes. No restante do tempo, aproveito qualquer momento livre entre uma tarefa e outra para moderar os comentários, checar a audiência etc. Quando estou lendo, assistindo TV ou ouvindo rádio e surge algo interessante para o blog, anoto como tema futuro e vou mantendo um arquivo de assuntos, o que economiza o tempo de ficar pesquisando. Se estou em uma sala de espera ou no carro, como passageira, aproveito para rascunhar algum post e já garantir a publicação de mais um dia. Ou seja, eu não disponho desse tempo, mas o encaixo na minha rotina aproveitando todos os intervalinhos que surgem. Mas isso só é possível quando se tem comprometimento com o que se faz, senão a pessoa acaba mesmo deixando de lado. Lembre-se: quem diz não ter tempo para nada, está administrando mal o seu tempo.

A tríade do tempo

Segundo Christian Barbosa, o maior especialista em gerenciamento de tempo do país, o tempo é uma trindade. Em seu livro *A tríade do tempo*, Barbosa afirma que: "O tempo é geralmente referenciado em três dimensões: horas, minutos e segundos; manhã, tarde e noite; décadas, séculos e milênios." Com base nesse pensamento — e em outras trindades curiosas citadas no livro — ele desenvolveu o conceito da tríade do tempo, no qual três esferas juntas, mas não sobrepostas, compõem toda a forma como utilizamos nosso tempo.

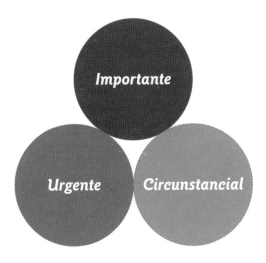

Basicamente podemos classificar cada item da tríade desta forma:

Importante — É aquilo que traz retorno efetivo; que é feito com tempo; que proporciona satisfação ao realizar. Isso não se refere só ao trabalho em si, mas àquilo que você julga importante na sua vida, quer seja ter um tempo reservado para seus filhos ou para praticar algum esporte.

Uma questão que o autor da tríade comenta me fez refletir e passou a integrar meu estilo de vida: ele pergunta se já ouvimos falar de algum presidente de uma grande empresa que, estando à beira da morte em um hospital, lamenta não ter passado mais tempo em seu escritório. É claro que nunca ouvimos um caso assim, ao contrário, o que se lamenta é a falta de tempo com a família, o descuido com a saúde ou não ter valorizado os amigos. Por isso, inclua na sua rotina algo importante para fazer por si mesma. Vale dizer que "importante para si mesma" é muito pessoal, pois eu posso achar importantíssimo parar tudo o que estou fazendo para almoçar com meu marido, enquanto, para você, isso não tem o menor valor. Analise suas prioridades e reserve tempo para elas.

Circunstancial — São ocorrências que não temos como prever ou evitar, como ligações, e-mails, visitas inesperadas. É aqui que os ladrões de tempo deitam e rolam, pois nessa esfera ocorrem coisas que tomam nosso tempo, mas no final do dia, nos causam insatisfação, arrependimento e até decepção. Depois de ter ampliado muito o número de pessoas com quem me relaciono, seja por causa dos meios de comunicação onde atuo ou pelas redes sociais, tive de ter mais cuidado ainda com as questões circunstanciais. Foi preciso exercitar muito o "dizer não" e o estabelecimento de regras. Quando alguém me liga em um momento que não posso dar mais do que cinco minutos de atenção, geralmente opto por uma coisa ou outra: peço para aguardar meu retorno ou aviso que disponho apenas de cinco minutos. Esse tempo, muitas vezes, já é suficiente para resolver a questão e, quando não é, dá para, pelo menos, saber do que se trata e marcar uma conversa para outro momento. Procure gerenciar bem as questões circunstanciais e você vai ver como seu tempo será mais produtivo.

Urgente — Para resumir em uma frase curta: urgente é o importante feito na hora errada. Se não fosse importante, você não faria correndo e, sendo importante, não deveria ser feito às pressas, concorda? O que é feito com urgência não é prazeroso, mas sim estressante. É aquele trabalho que, talvez, você tenha achado que tinha tempo de sobra e foi procrastinando até não poder mais ou trata-se de algo que você não gosta muito de fazer e foi empurrando com a barriga. O ideal é que sejamos organizadas a ponto de evitar ao máximo "produzir" urgências e deixar para lidar apenas com aquelas que surjam independentemente de nós (o que já não é pouco!).

Segundo Christian Barbosa, a tríade ideal é quando conseguimos equilibrar essas três esferas de maneira que elas estejam distribuídas como no gráfico a seguir.

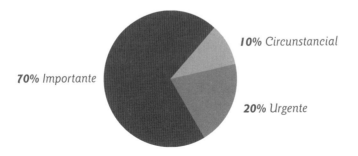

Essas informações são apenas uma pincelada sobre o tema, mas a administração do tempo é algo tão importante para quem quer crescer e vencer na vida que vale a pena investir em leituras específicas como os livros *A tríade do tempo* e *60 estratégias práticas para ganhar mais tempo*, ambos de Christian Barbosa. Esteja certa de que vai valer o investimento.

~ Capítulo 7 ~

A IMAGEM DA EMPREENDEDORA

Vamos começar este capítulo fazendo um exercício? Estou ouvindo um "vamos" superanimado? Ótimo! Não vou pedir para que você feche os olhos, senão a leitura já era, mas o exercício é o seguinte:

Imagine neste momento que você foi selecionada para apresentar seu tão sonhado projeto a um investidor-anjo que quer colocar muito dinheiro no seu negócio. Essa apresentação só pode ser feita em uma única ocasião: depois de amanhã. Porém, você tem uma cirurgia inadiável marcada para amanhã e será impossível que você mesma faça a apresentação... Mas, para não perder essa oportunidade de maneira alguma, você pode escolher um representante que apresentará o projeto em seu lugar. A pergunta de um milhão de dólares é: quem você enviaria?

Para facilitar, assinale quais características você julga serem necessárias no seu representante para que ele cumpra bem o papel e garanta que a apresentação seja satisfatória:

1. ( ) Conhecer muito bem o projeto para estar apto(a) a responder qualquer questionamento que possa ser feito;

2. ( ) Dominar a tecnologia e as ferramentas que serão usadas na apresentação;
3. ( ) Estar vestido(a) de acordo com a ocasião, cabelo bem penteado, unhas limpas, calçado adequado, maquiagem no ponto certo — no caso das mulheres — ou com a barba feita ou bem-cuidada — no caso dos homens;
4. ( ) Ser seguro(a) de si e passar segurança ao interlocutor;
5. ( ) Falar bem;
6. ( ) Não ser uma pessoa ansiosa, nervosa ou que atropela os outros quando estão falando;
7. ( ) Ter boas maneiras e saber se portar em todo e qualquer local, seja formal ou informal;
8. ( ) Ser pontual;
9. ( ) Ser discreto(a) e não chamar atenção para si pelos motivos errados;
10. ( ) Ser ponderado(a) e saber discernir o que deve ser dito e o que não convém comentar;
11. ( ) Ser maleável e ter jogo de cintura, pois nem tudo acontecerá exatamente como planejado;
12. ( ) Ser proativo(a) e oferecer soluções se algum problema de última hora aparecer;
13. ( ) Ser fiel e cumprir com lealdade tudo o que combinar com você;
14. ( ) Ser uma pessoa de palavra, que não mente e não omite coisas para evitar uma bronca ou para não perder dinheiro;
15. ( ) Ser disciplinado(a) em relação a regras e prazos.

Dessas quinze características, creio que você deve ter assinalado todas ou quase todas, afinal, você não vai escolher qualquer pessoa para ser seu representante em um momento tão importante, certo? Certíssimo! Mas agora vem o que muita gente talvez não tenha considerado tão certo assim: se você exigiria esse conjunto de qualidades de um terceiro, como não as exigiria em si mesma?

Quando você decide crescer e vencer na vida, precisa entender que você é a maior representante da sua carreira ou, no caso de ter uma empresa, você é a imagem do seu negócio. Se você é uma pessoa indisciplinada, que não cumpre prazos, atende mal o cliente, não domina as áreas que deveria e vive se desculpando pelos mesmos erros, sua empresa ou carreira jamais será levada a sério. Quando o funcionário de uma empresa me atende mal a ponto de eu ter que reclamar com seu superior, o que sempre menciono é que aquele funcionário representa a empresa e que deveria ser mais bem instruído. Uma empresa não é representada por balcões de mármore e mobília cara, mas sim pelas pessoas que fazem parte dela, portanto, sua reputação depende da conduta dessas pessoas.

Certo dia, eu estava no aeroporto de Congonhas, em São Paulo, indo a Caxias do Sul, no Rio Grande do Sul, para ministrar uma palestra. Fui até o autoadentimento para o *check-in* e todos os totens estavam com filas longas, pois as pessoas não sabiam muito bem como usar as máquinas. Não havia nenhum funcionário da companhia aérea para dar suporte aos passageiros, então quem estava mais acostumado a viajar prestava auxílio aos demais para fazer as filas andarem. Finalmente, aparece um funcionário da companhia e começa a instruir um dos passageiros, enquanto os demais se revoltam e reclamam que um funcionário só não é suficiente, que a empresa deveria colocar mais pessoal disponível etc. Os passageiros passam a exigir que o rapaz acabe com as filas, mas todos falam ao mesmo tempo, ou seja, foi babado, gritaria e confusão! O funcionário, sem o mínimo de paciência para lidar com o público, deu um grito no meio da sala e sentenciou: "Vocês não têm educação e não sabem esperar, então vão se arrumar sozinhos!" e, em seguida, virou as costas e simplesmente deixou todo mundo a ver navios (ou aviões, sei lá!). O fato é que, depois disso, o que se ouvia na sala não eram reclamações sobre o funcionário, mas sim, sobre a companhia aérea. Era um tal de "Nunca mais voo nessa empresa!", "Que decepção, na próxima eu compro na concorrente!",

"Essa empresa é um lixo mesmo." Olha, sobrou para o país todo, pois um dos revoltados soltou a pérola: "Isso é Brasil, minha gente!" A questão aqui é que a maioria das pessoas que enfrentou aquela situação não se lembra do rosto do funcionário estressado, mas certamente vão se lembrar da má experiência com a empresa.

Fatos como esse servem para ilustrar o quanto seus atos afetam sua carreira e seu negócio. Não existe mais separação da sua vida pessoal e profissional. Se você encontra um fornecedor caído em uma calçada de tão bêbado, mesmo que seja em um fim de semana, será que vai continuar confiando no trabalho dele com a mesma intensidade de antes? E será que, se um cliente presenciar você tratando mal e sendo desrespeitosa com seu marido, seus filhos ou seus parentes, ele confiaria que você nunca fará isso com ele?

Isso não vale só para o mundo real, mas também para o mundo virtual. Você pode (e deve) ter perfis pessoais separados da página da empresa, mas não pense que uma coisa está desvinculada da outra. Tenha muito cuidado com suas redes sociais, pois não há divisão entre a sua pessoa e a sua carreira. Muitos empreendedores acham que essa regra só vale para funcionários, que correm o risco de terem seus perfis visitados periodicamente pelo departamento de gestão de pessoas das empresas, mas isso é um erro. Assim como você e seus amigos estão nas redes, seus clientes e fornecedores também estão, eu estou, a dona Maura está e minha tia Tereza, com mais de oitenta primaveras, também! Todo mundo hoje tem um perfil em alguma rede, até o tio Nelson!

A partir do momento que você tem um perfil e posta informações sobre sua vida, você se torna uma pessoa pública. Não é só o artista de TV que deve tomar cuidado com o que diz, aonde vai e com quem anda para que isso não prejudique sua carreira. Você também tem de passar a ter esses cuidados. Não se trata de ter uma vida de mentira, mas sim de saber o que convém e o que não convém publicar. Uma frase fora de contexto pode ser material suficiente para arruinar uma carreira; você já deve ter visto isso acontecer com pessoas famosas e não famosas depois de um mal-entendido qualquer. Você pode não ser famosa, mas é uma pessoa pública e, como tal, deve saber se portar adequadamente nesse meio. É preciso que você saiba que seus perfis pessoais têm de estar de acordo com a imagem que você quer que sua empresa transmita, afinal, você é a sua empresa, lembra-se? E por falar nisso, você também precisa estar muito consciente a respeito da própria imagem.

Certamente você já ouviu falar sobre marketing pessoal, mas talvez não tenha se dado conta da importância que isso tem na vida de um empreendedor. Esse assunto é tão fundamental que dediquei um capítulo inteiro a ele no meu terceiro livro, *Virada financeira*. Não são poucas as pessoas que subestimam o valor do marketing pessoal sob a alegação de que o que vale é a competência, e não a imagem exterior. A competência não é algo visível e, por se tratar de uma qualidade interior, não há como transmiti-la a não ser externando-a. Falar que você é competente, que é pontual ou que é responsável não é o suficiente para convencer alguém a acreditar na sua capacidade. É preciso ser, mas também é preciso passar a imagem do que você é, ou seja:

- Não basta ser competente, é preciso parecer competente;
- Não basta ser disciplinada, é preciso parecer disciplinada;
- Não basta ser responsável, é preciso parecer responsável;
- Não basta ter qualidades, é preciso que elas apareçam.

Em resumo, ninguém vai olhar para você e ver um letreiro com as palavras profissionalismo, competência, pontualidade, disciplina. Sua imagem fala muito sobre você mesma antes de sair uma única palavra da sua boca. Isso não quer dizer que você tem de "dormir no cabide" ou acordar maquiada como nas novelas, mas sim que deve ter o cuidado de transmitir uma imagem de acordo com aquilo que você é, pois passar uma mensagem equivocada pode render muita dor de cabeça. Mas não confunda marketing pessoal com preconceito, pois uma coisa não tem nada a ver com a outra. Não tenho o menor problema com pessoas acima do peso, por exemplo, mas nem por isso indicaria uma nutricionista morbidamente obesa para alguém que queira fazer uma dieta para perda de peso. Há coisas que não condizem com o que você faz e que acabam jogando contra você e seu negócio. E isso também se estende ao seu local de trabalho, pois um escritório de arquitetura não pode ser mal decorado e sem criatividade; uma empresa de limpeza não pode ter uma sede suja e malcheirosa; uma organizadora profissional não pode aparecer na porta da sua casa com um carro abarrotado de tralhas. Deve haver coerência entre o que você demonstra ser e o que você é.

Não existe uma única imagem a ser seguida nem um único tipo de roupa de trabalho, pois tudo depende daquilo que você faz e da imagem que quer passar. Existem vários tipos de linguagem e sua imagem, bem como a da sua empresa, são muito fortes e marcantes.

As roupas que usamos são códigos capazes de passar mensagens sobre nós. Não vejo nenhum problema em ver um pintor usando uma roupa toda suja de tinta, pois, além de fazer parte de seu trabalho, não prejudica em nada a sua imagem. Já um médico usando um jaleco sujo de sangue não me parece boa ideia!

Com isso, você percebe que marketing pessoal não se limita apenas a roupas, mas sim a um conjunto de fatores externos que pode ajudá-la a construir a imagem do seu eu verdadeiro. Sua maneira de falar, seu vocabulário e sua expressão corporal são armas muito poderosas que podem tanto impulsionar você para subir vários degraus em sua carreira, quanto atrapalhar sua vida de tal forma que só lhe restará ir para o fim da fila...

Quer fazer um exercício bem bacana sobre imagem? Preste atenção ao início dos filmes. No começo você ainda não conhece os personagens, não sabe seus nomes, o que fazem, seu caráter. Um bom filme, com um bom roteiro, busca deixar claro, o quanto antes, quem é quem na trama. Se você se perde na história, seu interesse pelo filme também se perde. É preciso usar um conjunto de aspectos para transmitir o perfil de cada personagem, como figurino, corte e cor dos cabelos, jeito de falar, vocabulário e, principalmente, a expressão corporal. Tudo é muito bem pensado pelos profissionais que criam cada personagem. Há uma equipe de figurinistas que vai analisar com muito cuidado todo o guarda-roupa que cada personagem irá usar durante o filme. Cenógrafos estudarão como será a casa de cada um, seu local de trabalho etc. E o próprio ator terá de ter muito claro em sua mente qual o caráter de seu personagem e buscar formas de expressá-lo através de sua imagem, sua voz, sua expressão corporal. Se uma atriz recebe o desafio de fazer o papel de uma mulher adicta em drogas, ela vai ter de passar por um processo chamado "laboratório" para poder dar vida à personagem. Será preciso que ela conheça como é a rotina de uma viciada, as expressões que usa, como é a sua maneira de andar, de se comportar, como convive com a família, por quais dramas passa, seus medos, seus desejos e, é claro, sua aparência. Isso acontece com qualquer outro papel em que o ator tem de expressar características e qualidades que nem sempre tem. Lembro-me que a atriz israelense Natalie Portman (sim, ela é israelense!) teve de perder dez quilos para interpretar a personagem principal de *Cisne negro* (2011). Não que estivesse acima do peso, longe disso, mas ela não tinha aparência de bailarina; além disso, teve de praticar balé oito horas por dia para, assim, poder dar vida a Nina, sua personagem. O rapper 50 Cent precisou emagrecer 24 quilos para interpretar Deon, um jogador de futebol americano que descobre um câncer, no filme *A luta de um campeão* (2011).

    Em um filme tudo é muito bem pensado para alcançar um único objetivo: transmitir a mensagem da forma mais adequada possível. Agora pense comigo: se todo esse sacrifício é feito para interpretar um papel em um filme de ficção que dura alguns minutos, imagine o quanto devemos nos esforçar para "interpretar" bem o papel de nós mesmas a vida inteira! É preciso que você se conheça e faça periodicamente uma autoanálise para responder às perguntas a seguir com o máximo de sinceridade:

- Eu passo uma imagem adequada sobre mim mesma?
- As roupas que visto estão de acordo com quem eu sou?
- Meus dentes são um cartão de visita ou são um atestado de que desisti da vida?
- Minha aparência é de uma pessoa bem-cuidada ou transmito a mensagem de que estou sempre cansada?
- Minha forma de falar me ajuda ou me atrapalha?
- A maneira como me porto, como caminho, como me sento está me representando bem?
- Minha expressão corporal é de uma mulher confiante ou insegura?
- Meu vocabulário está de acordo com os ambientes que frequento e com minha profissão?

Se você fizer uma análise imparcial e tiver uma boa medida de autocrítica não precisará esperar receber críticas de terceiros para mudar. Vivi isso em determinado momento da minha carreira e não foi nada prazeroso. Algumas amigas começaram a dar umas indiretas para que eu arranjasse mais tempo para cuidar de mim, pois estava trabalhando demais. Não entendi muito bem o que aquilo queria dizer, mas também não dei muita importância. Naquela época, estava passando por momentos de muito estresse no meu primeiro casamento e minha vontade era de trabalhar 24 horas por dia só para não ter de voltar para casa. Eu chegava o mais tarde possível e saía logo de manhã, sem ter tempo de escolher o que vestir nem muito menos parar em frente ao espelho. A única coisa boa na minha vida era o trabalho que, na época, era fazer produção de merchandising no *Note & Anote*, antigo programa da Ana Maria Braga, na Rede Record. Participava diariamente de reuniões com clientes, redigia textos e montava o roteiro comercial. Além disso, acompanhava o programa no estúdio durante quatro horas e meia, ao vivo, de segunda a sexta-feira. Certo dia, gravamos previamente o especial de Ano-Novo, e a Ana Maria chamou todos os colaboradores diante das câmeras para fazer um agradecimento à equipe. Dias depois, quando o programa foi ao ar, minha irmã me liga para perguntar o que tinha acontecido comigo. Sem entender, respondi que não havia acontecido nada, mas ela me disse: "Você estava com um vestido horrível, uma rasteirinha que mais parecia um chinelo de lavar quintal e um blazer enorme! E que cabelo era aquele?" Fui conferir o vídeo daquele trecho do programa e realmente eu estava desfigurada! Fiz uma retrospectiva do que aconteceu no dia da gravação e me lembrei de que, antes que a Ana Maria nos chamasse, uma das produtoras pediu que eu fosse ao guarda-roupa da emissora e melhorasse o visual, pois talvez fôssemos chamadas para entrar em cena. Para atendê-la, peguei um blazer do jornalismo e vesti por cima do vestido sem nem olhar no espelho. Dobrei as mangas que estavam compridas e voltei para o estúdio, pois havia muito trabalho a fazer. Agora imagine a situação: a infeliz — eu! — estava com um vestido modelo trapézio, uma rasteirinha de couro e um blazer social! Apesar de ser bastante competente no que fazia, minha imagem estava mais para espantalho de milharal do que para produtora de programa de TV... Comecei a tentar me lembrar desde quando eu estava me vestindo daquele jeito e logo me veio à mente a gravação de um sorteio no programa em que eu havia aparecido meses atrás. Busquei as imagens e congelei quando me vi de costas! Você conhece a expressão "cabelo de travesseiro"? É aquele cabelo todo emaranhado que parece que a criatura acabou de levantar da cama! Meu cabelo é bem fácil de arrumar, mas eu estava tão descuidada naquela época que penteava a frente e as laterais, e ignorava solenemente a parte de trás! Mas, espere! Não pense que quando me vi de frente a coisa melhorou... Eu estava completamente sem maquiagem (e eu tenho muita olheira) e usando um óculos que não me favoreciam em nada. Já no dia seguinte tomei uma atitude, pois estava transmitindo a imagem de uma pessoa desleixada, coisa que nunca fui. A vontade de sair de casa o mais cedo possível permanecia, mas passei a escolher a roupa na noite anterior e a levar minha maleta de maquiagem e um secador de cabelo para o trabalho. Antes de ir para o meu departamento, arrumava o cabelo, me maquiava e colocava lentes de contato.

No primeiro dia que fiz isso, logo que entrei na sala um dos gerentes olhou e gritou: "Até que enfim, hein! A gente já estava achando que você ia se candidatar à vaga de Bruxa do 71 no SBT!" Fiquei muito sem graça, mas tive que concordar que ele tinha razão. Não espere a crítica de terceiros, a perda de clientes ou as "saias justas" da vida: tenha autocrítica, invista na sua imagem e desfrute dos bons resultados que esse cuidado lhe trará, afinal de contas, você é a pessoa mais importante da sua vida!

~ *Capítulo 8* ~

DESAFIOS DA MULHER EMPREENDEDORA

O mundo pode parecer muito moderno e avançado, mas há rótulos e obrigações que as mulheres ainda têm de enfrentar, mesmo depois de todas as lutas travadas no passado. Se um homem mora sozinho e recebe uma visita em seu apartamento sujo e bagunçado, o que metade das pessoas vai dizer é: "falta uma mulher nesta casa". E a outra metade dirá: "coitado, trabalha tanto que não tem tempo nem de dar uma ajeitada nas coisas." Salvo que ele tenha uma típica mãe judia que, nesse caso, diria: "crie vergonha e limpe esse chiqueiro! Se eu voltar aqui e essa casa estiver nesse estado vou lá no seu trabalho contar pra todo mundo que você mora numa pocilga! Não foi isso que eu ensinei!" E viva as mães judias!

Agora se o mesmo acontece com uma mulher os comentários serão bem diferentes: "que desleixada! Não tem coragem de arrumar essa espelunca. Porca! Que vergonha!" Mas sabe o que é pior? Quem faz esse tipo de comentário não são os homens (salvo algumas exceções), mas sim as próprias mulheres! É claro que não estou dizendo que nossa casa deva ficar de pernas para o ar ou que um homem deveria limpá-la — particularmente gosto de limpar e organizar —, mas sim que a diferença de julgamento entre gêneros existe e é bem presente. Já testemunhei casos de "amigas" que foram visitar uma mãe de primeira viagem e voltaram dizendo que a casa estava uma baderna... Nem perguntei sobre o bebê porque fiquei com medo de a resposta ser "bebê? Que bebê?!" Nem em uma fase difícil de adaptação temos um descontinho!

Essa cobrança extra que paira sobre as mulheres também acontece no mundo corporativo. E muito! Quando uma mulher alcança uma posição de certo destaque profissional raramente o mérito é atribuído a ela mesma, e eu sei bem do que estou falando. Vi muitas mulheres ficarem "mal faladas" na empresa depois de terem sido promovidas. O superbatido (e repugnante) boato de que ela está "saindo" com o chefe ainda é o campeão de bilheteria, seguido do "ela deve ter as costas quentes" — significando que alguém a colocou lá — e, finalmente, caindo no desdém do "vamos ver até quando isso dura."

No meu caso, sempre me saí bem nas empresas em que trabalhei, pois meu objetivo sempre foi fazer meu melhor. Não é o melhor do mundo, mas o meu melhor, com as condições que tenho no momento, até que surjam condições melhores para fazer melhor ainda (parafraseando Mario Sergio Cortella). Mesmo assim, o mérito do meu bom desempenho raramente era dado a mim. Segundo boatos, eu era dedo-duro e entregava os colegas, por isso a direção me recompensava com promoções. Fora isso, diziam que eu era "a boboca que ficava se matando de trabalhar para enriquecer o patrão" ou a "caxias" que um dia ia perceber que estava fazendo papel de idiota. Enfim, meu sucesso e minhas conquistas quase nunca foram vistas como algo positivo. O dia que comprei um carro esportivo zero quilômetro ouvi dizerem que foi pago com o dinheiro das vendas de cocaína que eu fazia pelo bairro! Detalhe: até hoje nunca vi cocaína na minha vida, a não ser na televisão. A criatividade do povo (e a zoeira) realmente não tem fim. #TheZoeiraNeverEnds! Logo eu que não fumo, não bebo e nunca usei droga nenhuma! Aliás, aqui vai um recado para os guardas de trânsito de São Paulo: parem de perder tempo e canudo me aplicando o teste do bafômetro toda hora. É inútil, foquem em outros motoristas! Brincadeiras à parte, nós, mulheres, fomos e somos vítimas desse tipo de situação e não adianta achar que amanhã tudo vai mudar. É mais fácil deixar que o tempo cale os maus faladores e mostre a eles que podemos chegar ao lugar que queremos.

Quando lancei meu primeiro livro aconteceram duas coisas interessantes que cito em algumas das minhas palestras.

Primeiro, noventa dias após o lançamento do *Bolsa blindada* soube que havia vendido mais de trinta mil exemplares e que, portanto, meu recém-lançado livro já era um *best-seller*. As perguntas que mais ouvi foram:

- **Quem** teve a ideia de escrever um livro assim?
- **Quem** lançou você no mercado?
- **Quanto você pagou** para a editora lançar seu livro?
- Você sabe mesmo **fazer marketing**, hein?

Não sou nenhuma adivinha, mas posso perfeitamente saber o que as pessoas realmente estavam pensando:

- Quem teve a ideia de escrever um livro assim? **Porque você é que não foi...**
- Quem lançou você no mercado? **Porque sozinha você não chegaria tão longe...**
- Quanto você pagou para a editora lançar seu livro? **Porque é claro que esse sucesso foi comprado**, né bem?
- Você sabe mesmo fazer marketing, hein? Afinal, o livro não está vendendo porque é bom, mas sim porque a propaganda é boa!

95

O pior é que não foram pessoas desconhecidas que me fizeram essas perguntas, mas sim gente do meu convívio. Você deve estar curiosa para saber o que eu respondia, então lá vai! Repare nas legendas especialmente criadas para a ocasião:

PSN — Pergunta Sem Noção
RCG — Resposta Curta e Grossa
RDD — Restante do Diálogo

PSN: "Quem teve a ideia de escrever um livro assim?"
RCG: "Eu."
RDD: A pessoa ficava com um ar incrédulo e mudava de assunto.

PSN: "Quem lançou você no mercado?"
RCG: "Ninguém. Eu não estou à venda."
RDD: Após um sorrisinho amarelo a pessoa mudava de assunto.

PSN: "Quanto você pagou para a editora lançar seu livro?"
RCG: "Nada."
RDD: Depois de um "juraaaaa?", a pessoa mudava de assunto.

PSN: "Você sabe mesmo fazer marketing, hein?"
RCG: "Obrigada."
RDD: A pessoa ficava esperando o restante da resposta, mas, como não havia, mudava de assunto.

Em segundo lugar, vieram as perguntas que ouvi depois que terminei de dar uma palestra sobre o sucesso do mesmo livro na Universidade Harvard, nos Estados Unidos:

Lugar de mulher é onde ela quiser

- Como **você** teve essa sacada de escrever um livro de finanças só para mulheres?
- Como **você** abordou a editora e os convenceu a apostar no seu livro?
- O que **você** fez para vender tantos livros em um país onde pouco se lê?

Bom, não é à toa que estão na Harvard. Tratavam-se de pessoas que sabem o quanto é difícil chegar aonde chegaram, em um país que privilegia a meritocracia e onde todos têm de superar a si mesmos e aos outros o tempo todo. Não vou dizer que lá não há exceções, mas senti uma diferença enorme de tratamento entre Brasil e Estados Unidos. Inclusive, até hoje tenho de aguentar algumas **PSN** sobre a palestra na Harvard, mas não sem a devida **RCG** para melhorar o rumo do **RDD**!

PSN: "Quem colocou você lá?"
RCG: "Meu livro."
RDD: ...

PSN: "Mas foi na Harvard, Harvard mesmo?"
RCG: "Por quê? Tem mais de uma?"
RDD: ...

PSN: "Mas foi em inglês?"
RCG: "Sim, é o idioma falado nos Estados Unidos."
RDD: ...

Infelizmente, somos niveladas por baixo, e quando saímos do lugar que querem estabelecer para nós, a estranheza logo se manifesta. Por isso, não se surpreenda com sentenças do tipo: "você não nasceu para isso", mas tenha o cuidado de não se deixar rotular. Afinal de contas, se alguém tivesse conhecimento suficiente para revelar qual é o sentido da vida do outro, deveria, no mínimo, ser a pessoa mais bem-sucedida do universo. Por isso, amiga, a regra é: para **PSN** só mesmo uma boa **RCG**!

~ *Capítulo 9* ~

EMPREENDEDORISMO *versus* RELACIONAMENTO AFETIVO

Nos dias atuais o que vemos como "atitude mais certa" são homens e mulheres que priorizam os estudos e a carreira e, depois de terem conseguido uma vida profissional e financeira estável, percebem que passaram dos 35 e estão sozinhos. Para os homens isso não chega a ser um grande problema, mas para as mulheres a história é outra (como sempre!).

Uma mulher entre 35 e 40 anos com uma vida financeira estável não vai querer se relacionar seriamente com um homem que esteja em um nível muito abaixo do seu, tanto em posição profissional quanto em relação ao saldo bancário. Porém, o que ela vai perceber quando começar a "prospectar" um futuro relacionamento é que homens em situação financeira estável, com mais de 40 anos, geralmente já são casados ou, quando estão solteiros, buscam mulheres mais novas. Por outro lado, mulheres que, inicialmente, não se importam em bancar o parceiro, com o passar dos anos acabam se desencantado daquele homem que depende delas para tudo. Essas afirmações podem parecer muito ultrapassadas, mas, no fundo, nenhuma mulher quer isso, e não sou eu quem está dizendo, são as pesquisas!

Patricia Lages

Tenho acompanhado há alguns anos o trabalho de Renato e Cristiane Cardoso, conselheiros matrimoniais e autores do *best-seller Casamento blindado*, com mais de três milhões de exemplares vendidos no Brasil. Ambos já atenderam milhares de casais e solteiros em várias partes do mundo e atestaram cada um desses tristes dados.

Construir uma carreira, empreender e buscar o crescimento econômico não é um caminho que só as solteiras podem trilhar, ao contrário, quando você tem uma pessoa ao seu lado, lutando pelos mesmos ideais, sua força de trabalho dobra. Não há motivos para achar que namorar irá tirar o foco do que se quer, ao contrário, se você tem alguém com os mesmos objetivos, ambos só têm a crescer — e mais rápido. O problema é quando o relacionamento se dá entre pessoas que não têm nada a ver uma com a outra ou que possuem sonhos totalmente opostos. Estas são as principais razões pelas quais muita gente foca somente na carreira: medo de se envolver com uma pessoa inadequada e falta de tempo para procurar uma pessoa adequada. Mas decidir viver sozinha, se privando das alegrias de uma vida a dois, não é a solução. Ainda mais para uma mulher empreendedora, que chega em casa depois de um dia de muita luta e não tem com quem comemorar seus sucessos, nem em quem se apoiar para superar seus fracassos. Posso dizer que a vida fica muito mais difícil.

Pessoalmente, já passei pelos três tipos de situação: relacionamento inadequado, viver sozinha e relacionamento adequado, por isso, posso expor para você um caso real que reforça as pesquisas.

Meu primeiro casamento foi, de longe, o pior relacionamento que tive na vida. Eu tinha dezenove anos e havia acabado de começar minha carreira profissional com o objetivo de aprender ao máximo, trabalhar quantas horas fossem necessárias e construir um patrimônio. Eu me empenhava de corpo e alma e lutava muito para conquistar o lugar que queria para mim. Até que chegou uma hora que cansei de remar sozinha e ter meus sonhos sempre frustrados. Por essa e por outras, o casamento acabou e eu resolvi viver sozinha, assim como tantas mulheres decepcionadas fazem todos os dias. Desfrutei de anos ótimos, em que pude trabalhar em três países diferentes, além do Brasil, e ter paz e tranquilidade dentro de casa, onde quer que estivesse vivendo. Mas, depois de um tempo, passando dos 30 anos, eu já não via tanta graça em ter um apartamento de 180 metros quadrados só para mim. Já não era tão legal poder viajar para onde quisesse ou comer no restaurante mais badalado sempre sozinha. Tudo o que eu havia conquistado não me trouxe a realização plena que sempre pensei que teria. Comecei a sentir falta de ter alguém ao meu lado que tivesse os mesmos sonhos que eu, com quem pudesse lutar junto para construir algo de valor para ambos e, assim, podermos desfrutar de uma vida com mais sentido. Não estou dizendo que para ser plenamente feliz você obrigatoriamente tem de ser casada, mas sim que, para mim, faltava prosperar nessa área da vida. Era como se eu tivesse sempre esse espinho no meu pé me lembrando de que havia falhado em algo importante. Aliás, diga-se de passagem, muitas mulheres que afirmam estarem sozinhas por opção, no fundo, prefeririam ter alguém. Já vi isso muitas vezes, pois como faço a maior parte das consultorias por e-mail, as pessoas sabem que respeito seu sigilo e acabam se abrindo mais. Mas também acontece pessoalmente, como quando ministrei uma palestra para mulheres empreendedoras em Brasília.

Eram mais de trezentas mulheres vindas de todas as regiões do país buscando capacitação profissional e discutindo planos e projetos para seus municípios. Uma diversidade enorme de sotaques, costumes, ideias e sonhos. Tive o prazer de falar sobre empoderamento feminino e ouvir também outros palestrantes. Uma das mulheres presentes tomou a palavra e pediu para contar rapidamente sua história de vida. Ela havia nascido em uma cidadezinha do interior do Nordeste e casou-se muito jovem com um homem violento, assim como todas as suas irmãs, sua mãe e suas avós. Era comum naquela família que as mulheres vivessem subjugadas a homens truculentos e que não as valorizavam. Mas aquela mulher quebrou o ciclo quando resolveu sair de casa com seus três filhos e um par de sacolas plásticas com algumas peças de roupa, sem ter a menor ideia de como sobreviveriam dali em diante. Fez faxina, capinou terrenos, chegou a pedir comida, mas, todos os dias, colocava algo no prato dos filhos e não os deixava faltar à escola. Não bastasse isso, tinha de fugir do ex-marido que insistia em requerer "suas posses". Depois de anos de trabalho árduo e muito estudo nas poucas horas vagas que lhe restavam, estava se candidatando a um cargo público na sua cidade. Em seu discurso emocionado, ela afirmou que nenhuma mulher precisava de homem para lhe dizer o que fazer e que jamais abriria a porta de sua casa para "macho nenhum", pois agora era muito fácil querer desfrutar de tudo o que ela havia conquistado sozinha com sangue, suor e lágrimas. A mulher foi aplaudida a ponto de não conseguirmos mais ouvi-la falar. Passada a comoção, completou com lágrimas nos olhos: "Eu sou mais uma 'maria-nordestina', sou mais uma ex-vítima de violência, mas eu venci na vida e não existe homem para mim!" Depois de mais aplausos, abraços, congratulações e muitas demonstrações de apoio, extremamente emocionada, ela sentou-se e foi amparada por uma amiga. Apesar de tudo, aquela mulher não parecia feliz. No final, nos encontramos e ela me agradeceu pela palestra. Vi muita verdade nos seus olhos, por isso tomei a liberdade de ser sincera e dizer o que estava pensando: "Eu creio que existe homem para você sim." Ela baixou a cabeça por um instante e, com lágrimas nos olhos, respondeu: "Será, menina? Eu estou cansada de ser só... Deus lhe ouça, pois é meu sonho!" Veja que ela não estava mentindo em seu discurso, ao contrário, abriu sua vida com uma franqueza e coragem que poucas mulheres teriam diante de uma plateia daquele tamanho. A questão é que, no fundo, ela sentia que faltava algo, mas não estava disposta a aceitar qualquer um só para não ficar sozinha. Passei a admirá-la ainda mais!

Lugar de mulher é onde ela quiser

Quando meu marido e eu começamos a namorar, falávamos muito sobre o que esperávamos do futuro e como iríamos alcançar nossos objetivos. Ele era uma pessoa que falava a minha língua, entendia meus propósitos e tinha uma facilidade enorme em mostrar que o que ele esperava da vida fazia muito sentido. Comecei a gostar ainda mais de fotografia e procurava apoiá-lo em todos os seus projetos, exposições, site, livros. Ele fazia o mesmo cada vez que eu contava sobre uma proposta, um novo trabalho ou como estava desenvolvendo alguma coisa diferente. Sempre vi nele apoio, torcida e colaboração, por isso fomos nos aproximando e alinhando nossos objetivos cada vez mais. Hoje caminhamos para doze anos de casados e a cumplicidade só aumenta. Depois do casamento, crescemos muito mais do que quando éramos solteiros, portanto, dizer que casamento atrapalha a carreira não é verdade, desde que se faça uma boa escolha.

Porém, é importante dizer que, quando esse apoio mútuo não ocorre, o resultado é um desastre. Em uma pesquisa extraoficial foi perguntado a mulheres empreendedoras qual era o maior obstáculo para o crescimento de seu negócio. A resposta foi como um tapa. Sim, um daqueles que nos faz acordar e perguntar o que está acontecendo! A maioria — atenção para a palavra maioria — das mulheres afirmou que o que mais as impediam de crescer em seus negócios eram os maridos. Mais tarde, vi que o tema também foi pesquisado pela Harvard Business Review, onde cerca de 25 mil ex-alunos da Harvard Business School foram entrevistados. Triste, não? As maneiras como os maridos atrapalham o crescimento dessas mulheres variam um pouco, mas basicamente são:

- Tratar o negócio da esposa com desdém, sem dar crédito, considerando como um mero passatempo;
- Temer que a renda da esposa ultrapasse a sua;
- Encarar a independência financeira da mulher como uma ameaça ao casamento.

Diante disso, algumas empreendedoras acabam travando verdadeiras batalhas com seus maridos fazendo com que eles, cada vez mais, vejam o empreendimento delas como algo nocivo ao casamento. É preciso alinhar os objetivos e inserir o marido o máximo possível no seu negócio ou em sua carreira sem deixar que haja um desequilíbrio no relacionamento. Se você se dedicar 100% à sua vida profissional e não tiver tempo para mais nada, certamente seu marido vai se sentir excluído e provavelmente não vai apoiá-la. É claro que há algumas fases no trabalho que exigem muito tempo, esforços e empenho, mas é preciso deixar claro o que está sendo feito, para qual objetivo e que isso não o exclui. Quando estou com mais trabalho do que o normal, a primeira pessoa que fica sabendo que meu tempo ficará mais escasso é meu marido. Apesar de ter a certeza de que posso contar com o apoio dele, procuro não abusar da boa vontade! Quando fecho a data para a entrega de um livro, por exemplo, já deixo claro de que é uma fase que vou passar muito tempo sozinha pesquisando, lendo, escrevendo e revisando. Mas, para compensar, reservo alguns momentos para estarmos juntos, nem que seja para assistir a uma série de TV em casa mesmo. Quando você arranja tempo para o outro em uma época em que seu tempo está superescasso, cedo ou tarde o reconhecimento vem. Não adianta impor suas razões, nem tentar vencer no grito, o xadrez da vida só se vence usando a cabeça.

Outro dia acompanhei uma discussão na internet: uma empreendedora postou que seu marido não estava entendendo que ela precisava trabalhar a madrugada toda e só podia dormir pela manhã, pois seu filho de dois anos não dava sossego durante o dia. Ela reclamava que o marido não entendia porque ela não tinha tempo para ele quando a rotina era óbvia: ela trabalhava de madrugada enquanto o filho dormia, o marido levantava de manhã e, antes de ir para o trabalho, deixava o menino na creche, enquanto ela cruzava com ele no corredor e desmaiava na cama. No começo da tarde ela levantava e já corria para buscar

Lugar de mulher é onde ela quiser

o filho, com quem ficava a tarde toda até o marido chegar. Depois do jantar, o marido ficava com a criança e ela começava o trabalho que, novamente, exigia que virasse a madrugada. "Ele devia me considerar a Mulher Maravilha em vez de reclamar que eu não dou atenção!", era a sua reivindicação. Os comentários das "amigas" traziam coisas do tipo: "Não liga, boba! Quando você ficar rica ele vai comer na sua mão!" ou "homem é burro mesmo, tenta desenhar pra ver se ele entende!" Gente para jogar gasolina no fogo está sempre à disposição.

O problema é que, em vez de os dois trabalharem juntos para o bem da família, formou-se uma divisão dentro de casa onde o culpado pela situação foi o trabalho da esposa. Colocando as coisas dessa forma, restava a ela escolher entre se reorganizar para tentar dar conta de tudo — o que ela achava injusto — ou abandonar o "causador" do problema — o que ela achava absurdo. Só não entendi porque ela não podia dormir à noite e trabalhar pela manhã, enquanto o filho estava na creche...

Em outra ocasião, presenciei que uma das funcionárias de uma empresa onde trabalhei vivia atendendo o celular dizendo: "O gato subiu no telhado!", e desligava imediatamente. Em dado momento perguntei o que era aquilo, e ela disse que era um código que ela usava com o marido: "Quando eu digo isso significa que estou ocupada." Na minha curiosidade, perguntei: "Você nem dá tempo de ele dizer uma palavra, e se for urgente?" Mas ela dizia que nunca era... Até o dia que o marido perdeu a paciência e parou de telefonar. Simplesmente parou. E como ela não podia atendê-lo nem sequer por dois minutos, ele arranjou outros afazeres e também parou de ir buscá-la ao final do expediente, dizendo que, sendo ela uma funcionária tão dedicada, a empresa não ia negar um carro com motorista para levá-la em casa! Não conheço o resto da história, mas só essa parte me serviu como uma espécie de "Manual para fazer seu marido odiar o seu trabalho".

Tenha muito cuidado para não fazer da sua carreira profissional um problema. É perfeitamente possível ter um casamento feliz e ser

105

bem-sucedida, mas como em todo e qualquer projeto em que se deseja crescer e vencer é necessário ter um bom planejamento, uma execução precisa e análise periódica dos métodos e resultados. Casamento dá trabalho, mas quem disse que uma mulher empreendedora tem medo de trabalhar?

E se você está solteira, pense muito bem antes de entrar em um relacionamento. Não caia nessa de que existe uma cara-metade que um dia vai aparecer na sua frente. Em um mundo onde há mais de sete bilhões de seres humanos seria virtualmente impossível achar essa única pessoa feita sob medida para você, não é verdade? Em vez de esperar aparecer, busque uma pessoa adequada para você e procure ajustar-se a ela, assim, ambos poderão fazer dar certo e não esperar as coisas darem certo por si só!

~ Capítulo 10 ~

EMPREENDEDORISMO MATERNO

Ainda que você não seja mãe será muito válido ler este capítulo, pois ele vai lhe proporcionar uma visão panorâmica do que é conciliar várias coisas importantes ao mesmo tempo (conciliar várias coisas, não fazer várias coisas ao mesmo tempo, lembra-se?).

Certa vez li um artigo que uma amiga, a jornalista Rita Lisauskas, publicou em seu blog *Ser mãe é padecer na internet*, no Estadão. O título logo me chamou a atenção: "Trabalhar como se não tivesse filhos, ser mãe como se não trabalhasse fora". O artigo discorria sobre essa conta que parece nunca fechar. Se por um lado as empresas buscam profissionais com horários flexíveis, disponibilidade para viagens e que jamais digam não a qualquer evento corporativo, ainda que seja um *happy hour* com os colegas de trabalho, ser mãe requer todos os horários, toda a disponibilidade e que sempre se diga sim para tudo o que o filho precisar, afinal, não dá para reagendar uma troca de fralda, remanejar a papinha ou estender o horário da creche para poder terminar um trabalho de última hora. Simplesmente não dá para adiar a tarefa de ser mãe.

Em seu artigo, Rita narra um de seus dias rotineiros, quando sai muito cedo para o trabalho, sem ter oportunidade de dar bom-dia ao filho, e chega em casa perto da hora de dar boa-noite. Ela conta que fez muitas coisas bacanas naquele dia, tanto no trabalho como na vida, mas mesmo assim sentia que não havia desempenhado sua função mais importante de todas: ser mãe. Apesar de não ter de deixar o filho com estranhos — ele acordou e almoçou com o pai e foi levado à escola pelo avô —, ela sentia falta de estar com ele, de perguntar se teve um pesadelo e desejar que tivesse um bom dia. Dizer sim para seus desejos de mãe significava dizer não para o trabalho e isso não era possível naquele momento.

Diante disso, muitas mulheres têm deixado o mercado tradicional de trabalho, mas não necessariamente deixado de trabalhar. Colaborar ou arcar totalmente com as despesas de casa não é opcional para grande parte das mulheres, então, buscar outras formas de trabalho pode ser uma ótima escolha. E é aí que entra o empreendedorismo materno.

Poder ter seu negócio em casa ou em um ambiente *baby friendly* (amigável para bebês) tem sido uma saída para mães que não podem — ou não querem — deixar de trabalhar, mas desejam estar mais presentes na vida dos filhos.

Se ser mulher empreendedora não é tarefa fácil, imagine ser mãe empreendedora! É um desafio e tanto... Pessoalmente, nunca me senti capaz de cumprir essa tarefa e optei por não ter filhos. Perdi a conta de quantas vezes vi amigas chorando no trabalho por terem sido obrigadas a deixar o filho doente com a babá ou implorando ao telefone para alguém buscar seu bebê na escolinha porque teria de fazer hora extra. Eu não desejava sentir nem uma pequena fração da culpa que elas sentiam, passando dias sem tempo de ver o caderno dos filhos ou porque, outra vez, não compareceram à reunião de pais na escola. Era fácil notar o quanto essas situações as faziam sofrer, se sentirem culpadas e se considerarem as piores mães do mundo... Sinceramente, eu não queria passar por aquilo tudo. Ao mesmo tempo que muitas delas diziam que eu me arrependeria mais tarde por não ter vivido a experiência de ser mãe, eu analisava a vida delas e, no fundo, pensava: não estou vivendo essa experiência, mas será que elas estão?

Foi ao conhecer esse movimento que tem crescido e tomado forma, chamado empreendedorismo materno, que comecei a acreditar que é possível conciliar as duas coisas. Mas cautela! Não é porque você é dona do seu negócio ou atua como *freelancer* que poderá trabalhar a hora que quiser, fazendo o que quiser e passar todos os momentos que desejar na companhia do seu filho. No empreendedorismo materno não há espaço para romantismos desse tipo. Porém, pode ser uma boa solução usar seus talentos para empreender por conta própria que se sujeitar às regras de um mercado de trabalho que não tem espaço para mães, muito menos para seus bebês.

Hoje em dia existem diversos grupos de apoio às mães empreendedoras que buscam não só divulgar o empreendedorismo materno, mas também dar suporte à mulher que quer ser bem-sucedida como mãe, sem deixar de ser bem-sucedida como profissional. Esses grupos costumam cruzar as informações de suas participantes para que possam ser feitos negócios entre elas. Essa espécie de "movimento compre das mães" pode ser muito interessante para dar uma forcinha à sua carreira solo. Além disso, não é difícil encontrar atualmente grupos que promovam palestras, encontros, *workshops* e rodas de conversa onde se pode aprender muito.

Buscar ajuda de pessoas que estão passando pelos mesmos desafios é uma boa opção para se ter uma visão de outros pontos de vista. As mães empreendedoras costumam passar muito tempo dentro de casa, apenas na companhia dos filhos, e isso às vezes limita sua visão. Sair um pouco, respirar outros ares e conhecer outras experiências pode enriquecer o trabalho. Por isso, busque um grupo que se adapte às suas necessidades e faça essa troca de experiências.

Apesar de não ser mãe, vivi a experiência de ser filha de uma empreendedora. Antes mesmo que esse conceito existisse, minha mãe vivia essa realidade, pois não podia contar com a ajuda financeira do meu pai e tinha de sustentar uma casa e duas filhas. Isso pode ser muito comum nos dias de hoje, mas nos anos 1970 éramos uma exceção. Meu pai tinha uma ótima profissão, ganhava bem, mas seu dinheiro era investido integralmente em jogos e bares. Era uma condição familiar muito estranha, pois tive um pai que morava na nossa casa, mas que não sabia absolutamente nada sobre nós, desde não ter ideia de quanto eram as despesas domésticas até não saber direito a idade das filhas, nem onde estudávamos. Ele foi uma pessoa cheia de problemas — espirituais principalmente — e simplesmente não podíamos contar com ele para nada. Ele não nos ajudava e nós não sabíamos como ajudá-lo. Somente muitos anos depois é que nos demos conta disso.

Sendo assim, coube à minha mãe a tarefa de colocar comida no nosso prato, nos vestir, suprir todas as nossas necessidades e, por fim, nos educar. Mas como fazer tudo isso ao mesmo tempo? Com muita disciplina, dedicação e uma rotina bem estruturada. Minha mãe optou por trabalhar em casa e desenvolveu vários tipos de trabalho: bordado e pintura são os que me lembro. Fora isso, ela também vendia produtos por catálogo e toalhas de mesa porta a porta, o que nos tirava um pouco de casa como se fôssemos passear, ver gente diferente e fazer um pouco de exercício! Tudo isso compunha o orçamento doméstico, mas, principalmente, nos mostrava que não era fácil empreender e nos fazia entender melhor o valor das coisas. E é com base nessa experiência que listo a seguir algumas dicas de como dona Maura conseguiu dar conta da tarefa de criar Sandra e Patricia e prepará-las para terem uma vida melhor do que a dela. Anote aí:

> **Tempo produtivo.** Naquela época, as redes sociais eram formadas por mulheres que se encontravam no portão para falar sobre tudo e sobre nada (ladrões de tempo sempre existiram!). Nunca vi minha mãe jogando conversa fora, o tempo dela era

rigorosamente dividido entre o cuidado da casa, das roupas, da comida, de nós e do seu trabalho. Quando ela via um grupo de mulheres, em vez de bater papo para esquecer os problemas e as pressões da vida, dona Maura logo se enturmava e distribuía seus catálogos para captar alguma venda. Ela sempre foi disciplinada e comandava sua agenda. Ainda que eu e minha irmã não quiséssemos fazer alguma coisa na hora em que tinha de ser feita, ela punha ordem na situação. Sabíamos que não adiantava insistir, pois ela sempre ganhava no final, o que dona Maura falava, ela cumpria, e isso é raro de se ver nos dias de hoje. Comande sua agenda e inclua seu filho nela. Não deixe o dia correr à mercê da criança, pois ela ainda não tem discernimento para saber o que é melhor para si. Seu tempo é precioso, por isso, ensine seu filho a valorizá-lo também.

Obedecer ao cronograma. Defina uma regra geral para a rotina da sua casa, assim você terá de lidar com imprevistos apenas quando eles acontecerem e vai evitar ter uma surpresa a cada hora. Ter horários definidos para as atividades do dia a dia é primordial. Tudo deve estar bem claro para você e sua criança, pois quando seu filho não sabe o que vai acontecer, fica ansioso e inseguro (assim como todas nós!). Por isso, estabeleça hora para levantar, tomar café da manhã, almoçar, jantar e dormir e, depois vá intercalando as demais atividades. Em casa tínhamos horário de início e término das refeições, pois nosso espaço era bem pequeno e minha mãe tinha de tirar a mesa para usá-la para o trabalho. Não podíamos ficar enrolando um tempão para comer, e fazer as refeições no sofá só para não ter o trabalho de colocar e tirar a mesa não era uma opção. Nós sabíamos que na hora marcada ela tiraria a mesa e fim de papo, então tratávamos de comer. Enquanto ela trabalhava, nos dividíamos em algumas tarefas: brincar, desenhar, ver TV e ajudar em alguma ocupação. Quando minha mãe trabalhou com bordado, minha irmã e eu ajudávamos cortando as linhas do avesso, assim ela terminava o trabalho mais rápido. Não era uma exploração do trabalho infantil como diriam algumas pessoas, mas sim uma forma de nos ter por perto e nos ensinar que dinheiro não cai do céu. Fazíamos pequenos campeonatos para ver quem cortava linha mais rapidamente e quem tinha feito direitinho.

Nosso cronograma era obedecido à risca, por isso, qualquer exceção de poder ver TV por mais tempo ou brincar um pouco mais era festejada e valorizada. Tínhamos a segurança de que nosso dia não seria uma loucura, onde teríamos de fazer tudo às pressas e de qualquer jeito. A disciplina infelizmente é vista como algo chato e entediante, quando, na verdade, é o que nos faz sermos pessoas mais focadas e determinadas. É muito bonito aplaudir os japoneses quando vemos o quanto são organizados, então por que não implantamos essa ordem dentro da nossa casa? Você não tem de ser um general, mas viver ao estilo "deixa a vida me levar" não é uma boa quando se quer empreender com filhos em casa.

Não abrir muitas exceções. Quando você estabelece regras, mas acaba por não cumpri-las, imediatamente elas deixam de fazer sentido. Quando você diz para seu filho que vai fazer uma coisa e não faz, ele entende que o que você fala não precisa ser levado a sério. Muitas vezes, reclamamos que, no Brasil, as leis são levadas na base da brincadeira e raramente são cumpridas, então por que faríamos o mesmo na nossa casa? Lembro-me de quando passei por uma apendicectomia (cirurgia para retirada do apêndice) e fiquei alguns dias sem ir à escola. Eu tinha oito anos e adorava estudar, mas receber uma atenção extra durante a recuperação me fez desejar ficar mais tempo em casa. Porém, minha mãe já havia me avisado como seriam as regras: o médico mandou repousar por alguns dias e depois voltar para tirar os pontos e poder retornar para a escola (naquela época, o corte era grande e levei vários pontos, além de ter colocado também um dreno). Já estava tudo combinado: tirou os pontos, escola no dia seguinte. Mas, no primeiro dia de aula, troquei o lanche que levei de casa pela merenda da escola — que não era lá essas coisas — e passei mal. É claro que no dia seguinte eu não queria voltar para a escola, mas minha mãe foi bem clara: "Você passou mal porque comeu o que não devia, não tem nada a ver com a cirurgia e você não está mais doente. Vai para a escola amanhã, como combinado!" Tentei fazer um drama, mas não colou... Depois de adulta, toda vez que eu sentia uma dorzinha e pensava em faltar ao trabalho, lembrava que deixar de fazer o que tenho de fazer pode trazer consequências piores do que passar por cima de um pequeno mal-estar.

Quando nos condicionamos a fazer o que temos de fazer — sentindo vontade ou não —, temos muito mais probabilidade de sermos bem-sucedidas. Você nunca vai ouvir uma história de sucesso em que a pessoa diga que conseguiu tudo na vida debaixo de sombra e água fresca. Sacrifícios sempre fazem parte de grandes histórias e seguir regras sem se dar ao luxo de ter dúzias de exceções faz parte disso. Seu filho aprende muito mais vendo o que você faz do que ouvindo o que você diz. Se você age como uma pessoa de sucesso, naturalmente ele vai assimilar essas atitudes e terá muito mais chances de ser bem-sucedido também. Não há escola, por mais cara, bem estruturada e tecnológica que seja, que substitua o exemplo de mãe.

Aproveitar as situações do dia a dia a fim de educar para a vida.
Você não precisa esperar ter dinheiro para levar seu filho a um acampamento de férias onde ele vai aprender a fazer a cama e respeitar os mais velhos. Se você estiver focada em ensinar, qualquer coisa pode servir como lição. Sempre menciono que comecei a aprender sobre finanças indo ao mercado com minha mãe. Em vez de nos deixar em casa para não correr o risco de pedirmos tudo o que víssemos pela frente, ela nos levava às compras e aproveitava para nos ensinar o "preço das coisas". Aprendemos lições valiosas como a diferença entre preço e valor, saber priorizar, colocar as necessidades acima das vontades e que nem tudo o que a propaganda diz ser necessário realmente é. Decorávamos os preços e tentávamos fazer as contas de cabeça para depois conferir no caixa. Conhecíamos as frutas, os legumes e as verduras pelos nomes e sabíamos que eram melhores e mais baratas do que as coisas que vinham em latas. Quando íamos comprar roupas, aprendíamos que se escolhêssemos um vestido estampado não poderíamos usar tanto quanto um mais discreto, pois ele ficaria mais "manjado" e combinaria com menos coisas (já era um tipo de aula de estilo!). Sabíamos que oito quadras correspondiam a dois pontos de ônibus, então se caminhássemos em vez de pegar a condução economizaríamos algum dinheiro. Era só se organizar para sair mais cedo e faríamos exercício com grana no bolso! Aproveite seu dia a dia para ensinar como as coisas funcionam, o motivo de você trabalhar, porque a colaboração da criança é necessária etc. Não espere ter tempo para sentar e ensinar, pois muitas vezes isso não será possível, e nem deixe tudo para o fim de semana para não ficar tão sobrecarregada. Lembre-se de que a forma como você encara as coisas orienta seu filho a ver o mundo com os mesmos olhos.

Colaborar com a independência dos filhos. Atualmente minha irmã é voluntária em um projeto muito bonito chamado *Mães em Oração* que, além de encorajar mães a orarem por seus filhos, procura levar a mensagem de que o fato de ser uma ótima mãe não impede que seus filhos façam escolhas ruins. Elas trocam experiências e encontram apoio sem julgamentos, o que hoje não é nada fácil de encontrar.

Sandra usa muito da própria experiência em criar seu único filho para orientar outras mães. Ela casou-se aos 19 anos e aos 21 já era mãe. Por morar em outro estado, onde não havia nenhum familiar, teve de fazer tudo sozinha: casa, marido, gravidez, parto em hospital público e, depois, um bebê! A ajuda que obteve da família não passou de duas semanas após o parto. Na época, fui encarregada de ajudá-la e passei umas seis semanas com ela, mas tinha 16 anos e fui uma perfeita inútil.

Mais tarde, quando meu sobrinho completou cinco anos, a família se mudou para outro país, onde meu cunhado trabalhava ainda mais e o desafio de criar um filho longe da família ficou maior. Lembro-me de ter ido visitá-los um dia e ver que minha irmã fazia absolutamente tudo para o Bruno: arrumava a cama dele, cortava a carne para ele e dava a comida na boca, recolhia os brinquedos, levava a louça para a pia e até mudava o canal da TV. Perguntei por que ela não pedia que ele arrumasse a cama e a resposta foi: "Porque fica feio." Quanto à comida, era porque deixá-lo comer sozinho demorava muito. As outras coisas seguiam o mesmo ritmo: "Ele não arruma os brinquedos no lugar certo, então prefiro arrumar eu mesma"; "Ele é desajeitado com louça, então prefiro lavar eu mesma"; "Ele pode quebrar o controle remoto, então prefiro que me chame e eu mudo de canal"... Na hora da correria e para evitar problemas essas parecem mesmo ser boas soluções, mas certamente não são. Quando

Bruno se tornou um rapaz, Sandra queria que ele arrumasse a cama, mas quem cresceu achando que aquilo era trabalho da mãe, não arrumava e pronto. Perdi as contas de quantas vezes o vi deitado, em frente à TV, pedindo um copo d'água para a mãe, que estava ocupada com outras coisas. Enquanto ela não largava o que estivesse fazendo para atender às suas vontades, ele não dava trégua. Cortar esse cordão umbilical da dependência/folga foi como um segundo parto, e hoje ela afirma categoricamente que teria feito tudo diferente. Mães erram querendo acertar, mas, mesmo assim, não estão isentas de colher os frutos.

Dê tarefas aos seus filhos conforme as idades, para que eles se sintam parte da família e não pensem que para ter as coisas basta um estalar de dedos. Uma criança de cinco anos não vai arrumar a cama da mesma forma que você arrumaria, mas qual é o problema? Você prefere que ele aprenda ou que o quarto fique impecável? Valorize as pequenas atitudes que trazem independência aos seus filhos e não os prive de aprender. Não pense que os poupando das tarefas domésticas eles serão mais felizes, pois isso não é verdade. Filhos independentes serão pessoas melhores, portanto, deixe-os crescer e cometerem seus pequenos erros. Se seus filhos dependerem de você para tudo poderão ser crianças mais inseguras e você vai acabar se sentindo frustrada.

É certo que quando uma mãe decide priorizar a criação de seu filho, toda a sociedade lucra, portanto, é dever de cada uma de nós — mães ou não — valorizarmos e darmos suporte a essa decisão tão importante. Eu não poderia deixar de parabenizar as mulheres que tomaram a decisão de priorizar seus filhos e deixar meu apoio dedicando um capítulo inteiro a elas. Vocês são muito mais valiosas do que pensam, não se esqueçam disso jamais!

~ Capítulo 11 ~

COMO COMEÇAR: PASSO A PASSO

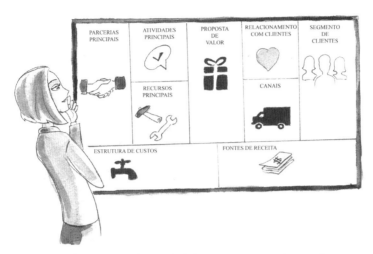

Daqui em diante você vai iniciar uma nova jornada que servirá tanto para quem quer efetivamente abrir o próprio negócio como também para quem não está segura de que este é o melhor caminho a seguir. Se você está no time das que não se veem como donas do seu negócio, não deixe de continuar a leitura, pois você pode se surpreender com cada etapa da construção de um empreendimento e se abrir para a ideia. Mas vale a advertência: quando o bichinho do empreendedorismo morder você, não tem volta, é paixão na certa! Ser uma empreendedora vai lhe proporcionar algo que cada vez mais pessoas estão buscando: liberdade. Como mencionei anteriormente, não se trata daquela liberdade de fazer o que quiser na hora que quiser, sair de férias sempre que desejar ou poder deixar de lado tarefas que não lhe trazem tanta satisfação, mas sim, a liberdade de construir a própria história. Antes, como funcionária — ainda que bem-sucedida —, eu não tinha liberdade para administrar minha agenda ou escolher meu local de trabalho, por exemplo. Era preciso cumprir um horário, comparecer a locais estabelecidos pela empresa e nunca saber se a carreira que eu estava construindo seria interrompida pelo fim de um projeto, de um departamento ou mesmo por uma demissão. Sempre parava para pensar que, apesar de dar meu melhor nos lugares onde trabalhei, um telefonema de um superior — em um dia de mau humor — poderia colocar fim ao trabalho desenvolvido ao longo de meses e até anos. Minha carreira não estava em minhas mãos e muito menos minha liberdade.

Quantas foram as vezes que você teve aquela ideia incrível, mas não pôde colocar em prática simplesmente porque só você acreditava nela? É desse tipo de liberdade que estou falando: de poder investir naquilo que você acredita, de desenvolver coisas que vão lhe trazer satisfação pessoal e que, cedo ou tarde, trarão retorno financeiro.

Hoje, ainda tenho prazos a cumprir, clientes a quem devo satisfação, alguns horários e locais em que devo comparecer. Mas uma das coisas que mais me dá satisfação é poder construir minha agenda e ter liberdade de trabalhar, muitas vezes, do lugar onde eu desejar e nas horas em que sou mais produtiva. Posso fazer meu domingo em uma segunda-feira ou me programar para ir ao supermercado em uma quarta de manhã, quando a fila do caixa é bem menor do que a de sábado à tarde. Além disso, nada me impede de pegar meu computador e trabalhar de onde quiser porque, como empreendedora, o que importa é o resultado. Ah, se todo mundo entendesse isso! Vou ilustrar esse suspiro para que você compreenda melhor o que quero dizer sobre resultados.

Em uma manhã comum de trabalho, vou a uma reunião marcada para as dez horas. Chego às 9h50 e a recepcionista pede que eu espere, pois ainda é "muito cedo". Às 10h15, ela vem me dizer que a reunião vai atrasar, porque nem todos conseguiram chegar, mas que não passará das 10h30, sendo assim, não devo me preocupar. Às 10h40, ela volta para dizer que, assim como eu, mais pessoas estão aguardando a reunião, mas devido aos atrasos de alguns, decidiram transferir para onze horas. Às 11h10, finalmente me conduzem à sala de reuniões, mas a alegria durou

Lugar de mulher é onde ela quiser

pouco! Sou informada que estou sendo colocada na sala apenas "para ir adiantando", pois ainda há pessoas que não chegaram, afinal, "São Paulo tem muito trânsito, não é mesmo?" Aliás, acharam incrível o fato de eu ter chegado no horário... Depois das 11h30, a mesa está "quase" completa: seis pessoas presentes, mas nenhuma tem ideia do que deve ser feito, pois a sétima pessoa resolveu declarar, por fim, que não virá. Supostamente tudo dependia desse "sétimo elemento", mas como ele resolveu não ir, ninguém pôde resolver nada! Conclusão: deixo a empresa ao meio-dia, depois de duas horas totalmente improdutivas, sem contar as outras duas horas para ir e voltar. E é claro que os quase quarenta reais que gastei com o estacionamento são bobagem, né?

Todas as pessoas naquela mesa eram funcionárias da empresa, haviam batido ponto na entrada e estavam "à disposição da firma", mas nenhuma delas produziu coisa alguma até a hora do almoço. Perdi quase quatro horas daquele dia, mas não fui a única que perdeu algo. Se colocarmos essa trapalhada toda na ponta do lápis teremos um panorama bem mais desolador e que acontece todos os dias nas empresas país afora. Para isso, vamos imaginar que cada pessoa presente naquela mesa receba um salário mensal médio de quatro mil reais. Seguem os cálculos:

....

Salário mensal = R$ 4.000
Valor da hora trabalhada = R$ 18,18 (R$ 4.000 : 220 horas mensais de trabalho)
R$ 18,18 × 2 horas perdidas com a "reunião-não-reunião" = R$ 36,36
R$ 36,36 × 7 pessoas (incluindo a que não apareceu) = R$ 254,54

....

A empresa irá bancar esses R$ 254,54 mesmo que nenhuma delas tenha produzido absolutamente nada e, ainda por cima, arcará também com o tempo da reunião seguinte, pois como nada foi resolvido, tivemos de remarcar.

Agora imagine se isso acontecer uma vez por semana (o que não é nada difícil, diga-se de passagem). A empresa desperdiçaria R$ 1.018,08 em um mês e, multiplicando esse cálculo para um ano, perderia mais de R$ 12.200,00. Detalhe: estamos fazendo a conta com apenas sete funcionários trapalhões! Com base no que você e eu conhecemos do atendimento que temos recebido das empresas em geral, podemos afirmar que muito mais gente desperdiça tempo e dinheiro. E adivinha só para quem essa conta cara é repassada? Para o cliente final, claro! Resumindo: todo mundo perde.

Um conhecido foi CEO de uma empresa nos Estados Unidos por alguns anos, mas aceitou um convite para vir ao Brasil dirigir uma companhia do mesmo ramo. Seu maior susto foi com o número de funcionários: mais de mil, enquanto na empresa norte-americana não chegava a trezentos. Fazendo uma análise da quantidade de pessoas em cada departamento e de sua produtividade, ele chegou a um triste fato: são necessários quatro brasileiros para fazer o trabalho de um norte-americano. Mais tarde, confirmei exatamente esses dados de quatro para um, ao ler uma pesquisa de 2015 feita pelo *Conference Board*.

Agora imagine se, em lugar de receber um salário apenas por estar presente na empresa, cada funcionário fosse remunerado por seus resultados. Concorda que o mundo corporativo seria outro? E mais: imagine se os órgãos públicos remunerassem seus funcionários por produtividade. O Brasil viraria a Suíça da noite para o dia! Conheço funcionários públicos que desejam trabalhar, crescer e desenvolver seu departamento, mas como o sistema está cheio de vícios, muitas vezes, eles são podados pelos próprios colegas de trabalho (e, quando não, pelo próprio chefe!). E o pior é que a iniciativa privada está caminhando para esse mesmo problema. Por isso é que a pessoa que decide empreender vira esse jogo. Ela acredita no seu negócio e não vê barreiras para fazer acontecer. É isso que o empreendedorismo faz: gera pessoas mais comprometidas, mais conscientes, mais sensatas e, portanto, mais produtivas. Por isso, a primeira dica de como começar é "virar a chave" da mentalidade de funcionária para uma mentalidade empreendedora. Se, como empreendedora, você agir como muitos funcionários agem, pensando que seu pagamento estará lá independentemente da sua produtividade, seu bolso vai sentir um baita impacto. A independência cobra seu preço, como tudo na vida, mas nada como andar com as próprias pernas!

E se você já tem um negócio próprio, mas precisa dar uma boa "turbinada", cada capítulo a partir de agora trará informações úteis para seu sucesso, por isso, esteja atenta às dicas, mesmo àquelas que você acredita que já esteja desenvolvendo satisfatoriamente. Nunca é demais conhecer outras formas de fazer as coisas ou checar se estamos executando cada tarefa da melhor maneira possível. Basicamente, para que um negócio exista são necessárias três coisas:

- Produto e/ou serviço
- Clientes
- Forma de recebimento

Se você tem produto/serviço, mas não tem clientes, não tem negócio. Se tem produto/serviço e até tem ótimos clientes, mas seu sistema de recebimento não é eficiente, não tem um negócio. Parece muito simples, mas ter as três coisas funcionando o tempo todo não é tão fácil assim.

Na minha experiência em consultoria o que mais vejo são empreendedores colocando seus negócios em risco ao deixarem de lado algumas atitudes básicas por serem consideradas sem importância. A maioria foca o tempo todo no produto ou serviço, deixando de executar outras tarefas essenciais para o bom andamento do negócio, como ter um controle efetivo de contas a pagar e receber, ver se o atendimento ao cliente está sendo bem feito e se os fornecedores atuais são mesmo os melhores ou se os preços estão justos. Geralmente, as pessoas têm facilidade em encontrar um erro grande, mas esquecem-se de que uma sucessão de pequenos erros pode ser ainda mais fatal para o projeto. Pagar cinquenta centavos a mais por metro de tecido parece tão pouco que nem vale a pena rever o fornecedor, mas quando você multiplica isso por milhares de metros pode descobrir porque seus lucros estão desaparecendo.

Portanto, daqui para frente vamos dar um passo a passo para que você inicie seu empreendimento sem atropelos — mas sem protelações — e com toda cautela necessária — mas sem aquele medo paralisante. E se você já tem um negócio, vai conhecer ferramentas e novas formas de fazer suas ideias decolarem. Vamos lá?

Defina sua área de atuação

Estou sempre conversando com pessoas que pretendem abrir um negócio para chamar de seu e posso dizer que tenho visto muita gente que não dá a devida importância à definição da área em que irá atuar. Elas falam de seus empreendimentos como se estivessem em um futuro longínquo e, portanto, há muito tempo para definir o que fazer. Mas esse posicionamento não é o mais aconselhável, principalmente porque se você não está focada no que quer terá mais chances de deixar as oportunidades passarem despercebidas.

Não é difícil encontrar pessoas que pensam em opções totalmente distintas de negócios como se, no final das contas, não fizesse nenhuma diferença. Já soube de uma pessoa, por exemplo, que dizia pensar em abrir uma loja de acessórios de moda para animais ou uma lanchonete gourmet, com um "tanto faz" no final da frase. Diante da minha pergunta "Como assim, tanto faz?", a resposta foi: "Ah, sei lá... Eu amo criar itens fashion para cães e gatos e também amo inventar mil e uma coisas na cozinha, então... Tanto faz, entendeu?" Não, realmente não entendi!

Quando você não define em que área vai empreender, as chances de as coisas não acontecerem (ou acontecerem da forma errada) são muito grandes, afinal, quando você pode fazer qualquer coisa, mas não define nada, acabará fazendo coisa nenhuma! É claro que, inicialmente, você deve abrir um leque amplo de possibilidades, mas o objetivo não deve ser ficar mais confusa, e sim, estudar cada uma das opções com o objetivo de descartar as que menos se adaptam. É preciso saber o que cada área requer de você como empreendedora, se seu perfil se encaixa, se é necessária alguma especialização e por aí vai.

No caso de compra de franquia tenho visto que a escolha do ramo, às vezes, é a última coisa na qual as pessoas pensam. Entrar em uma franquia de escola de idiomas é totalmente diferente de ter uma loja de bolos caseiros, mas há pessoas que as colocam na mesma classificação se tiverem um valor aproximado de investimento. Veja bem, você não chega a uma loja de calçados e diz à vendedora: "Querida, eu tenho aqui trezentos reais para gastar, quais sapatos você tem nesse valor?" Quando você vai à loja, mesmo que não tenha definido o que vai comprar, existem algumas condições que devem ser atendidas antes do preço, como: seu gosto, seu número, se combina com as roupas que você tem, se é confortável, se é para uma ocasião especial ou para o dia a dia etc. Se você considera tudo isso na hora de comprar um sapato, muito mais deve ser levado em conta na hora de definir seu empreendimento! Mesmo assim, muita gente adquire uma franquia levando em conta, como item decisivo, o valor do investimento. É claro que você não vai comprar uma franquia de quinhentos mil reais se tiver apenas cinquenta, mas você deve priorizar o que quer fazer e, depois, o que está disponível dentro do seu orçamento. Não esqueça que um dos pontos altos do empreendedorismo é a liberdade de fazer aquilo que você ama, portanto, não entre na primeira porta que se abrir diante de si para não correr o risco de ficar presa a algo que não tem nada a ver com suas expectativas.

Conheça bem o mercado

Este item deve andar lado a lado com a definição do ramo, pois não é suficiente estabelecer a área de atuação sem considerar o mercado em si. Uma boa pesquisa é primordial para direcionar a escolha de um negócio, mas atenção: uma boa e bem direcionada pesquisa!

Na Virada Empreendedora, evento anual imperdível da Rede Mulher Empreendedora que acontece aqui em São Paulo na Fundação Getúlio Vargas, assisti a uma palestra muito interessante na qual a pesquisa de mercado foi mostrada como vilã e como mocinha. Sim, ela é uma faca de dois gumes! Como exemplo, o palestrante mencionou uma das pesquisas mais caras da história da indústria de bebidas, mas que fez a empresa perder milhões de dólares. Antes de alterar a fórmula de uma de suas bebidas — adicionando mais açúcar —, a empresa contratou uma das maiores instituições de pesquisas norte-americana para fazer um "teste cego". O teste consistia em fazer um grande número de pessoas provar alguns goles da bebida em sua formulação normal e, separadamente, sem saber qual era qual, provar alguns goles da nova receita. Todos deveriam apontar qual das duas mais gostaram, mas sem saberem qual era a marca, nem o que havia de diferente entre elas. De norte a sul dos Estados Unidos a maioria das pessoas disse ter gostado mais da segunda opção, a mais doce. O resultado fez com que essa indústria tomasse a decisão de mudar a receita, só que o tiro saiu pela culatra... Quando o produto foi lançado e milhões de dólares foram investidos em publicidade, as vendas até subiram, pois as pessoas queriam provar o novo sabor, mas ao tomarem um copo ou uma lata toda, sentiam-se enjoadas com o alto teor de açúcar. Isso fez muita gente reclamar e optar pela versão da marca concorrente, que manteve sua formulação. Por mais incrível que possa parecer, ninguém considerou — mesmo em um dos mais renomados institutos de pesquisa — que as pessoas não tomariam apenas dois ou três goles como no teste, mas sim, uma quantidade maior da bebida. Depois de saber o resultado é fácil criticar, mas quem pensaria nisso antes de elaborar o teste?

Fazendo um comparativo em uma escala bem menor, soube de um microempreendimento que foi por água abaixo também por causa de uma pesquisa mal direcionada. O empreendedor teve a ideia de abrir um *delivery* com três tipos de sanduíches acompanhados de suco ou refrigerante. Enquanto os lanches tinham de chegar quentinhos, as bebidas precisavam ser entregues geladas. Considerando essa questão e o fato de que o *delivery* seria feito de bicicleta, a área de cobertura seria apenas o bairro em que ele morava. Definida essa parte, ele foi para a pesquisa em si, pois o que mais o preocupava era a aceitação dos sabores dos sanduíches. Para sua pesquisa, chamou amigos e vizinhos (que seriam seus clientes-alvo) e elaborou porções para teste. O resultado? Sucesso total! Todos amaram os sanduíches e acharam os preços justos. Tudo isso aliado à comodidade de receber a refeição em casa fez com que todo mundo desse o maior apoio ao novo empreendedor e declarasse que seriam seus clientes. Daí em diante as demais definições foram elaboradas, como o horário de atendimento que, no caso, seria só para almoço, uma vez que à noite o empreendedor fazia faculdade. O negócio começou com pouquíssimos pedidos durante a semana, ao contrário do que se esperava. Isso porque não se considerou que, por se tratar de um bairro residencial, durante o almoço a maioria das pessoas estaria trabalhando em outros bairros e, portanto, fora de sua área de cobertura. O único dia em que os pedidos "bombavam" era o sábado, o que acabou causando outro problema: muitas entregas ao mesmo tempo gerando demora e fazendo com que os sanduíches chegassem frios e as bebidas quentes. A conclusão disso você já deve imaginar. Veja que a ideia era boa, o produto era bom, mas a análise de como o mercado iria se comportar na hora do "vamos ver" não foi das melhores.

Quando estamos planejando um negócio, muitas vezes, nos deixamos levar pelas emoções que resultam em um otimismo exagerado. Não queremos pensar no que pode dar errado e é aí que acabamos cometendo erros. Em tudo devemos considerar prós e contras (principalmente contras) e procurar levantar todas as possibilidades sem deixar nada de lado. É claro que, ainda assim, não estamos livres de que algo saia dos eixos, pois cada novo negócio traz consigo imprevistos, mas não custa trabalhar um pouco mais para minimizar o que pode colocar seu negócio a perder.

Participe de grupos de empreendedorismo

Uma boa opção, além de pesquisar as particularidades do negócio, seus riscos e suas dificuldades é trocar ideias e experiências com outros empreendedores. Como vimos anteriormente, o empreendedor — principalmente a empreendedora — torna-se um cidadão muito mais consciente, colaborativo e com mais noção de sociedade. Ao contrário do que muita gente pensa, o bom empreendedor tem prazer em compartilhar experiências, pois ele não vê o concorrente como um inimigo, mas sim como um aliado. A mulher já tem a característica de compartilhar, auxiliar, cuidar e pedir ajuda e, quando se torna empreendedora, logo entende que é preciso somar para multiplicar, e não dividir. Por isso, fazer parte de grupos de empreendedorismo pode ajudar, e muito, a entender melhor a dinâmica do dia a dia, os desafios e suas soluções. E, para nossa alegria, hoje há grupos voltados especialmente para o empreendedorismo feminino, como a Rede Mulher Empreendedora (www.redemulherempreendedora.com.br), fundada pela querida e supercompetente Ana Fontes. Desde que entrei para a RME pude vislumbrar novos horizontes, além de conhecer muita gente bacana e firmar novas parcerias de trabalho. Busque grupos com os quais se identifique e participe, pois isso vai ampliar seu *networking*, seus conhecimentos e poderá fazer com que você aprenda com os erros dos outros, sem precisar cometer os seus. Mesmo que você não tenha muito tempo e não consiga estar presente em eventos, cursos e palestras, geralmente os grupos possuem sites com informações úteis, como é o caso da própria RME.

Monte um plano de negócio

Depois que você define o modelo do seu negócio é importante desenvolver um plano de negócio. Há certa divisão entre alguns grupos de empreendedores quando o assunto é desenvolver um plano de negócio. Alguns acreditam que empreender é algo que tem muito mais a ver com intuição do que com planejamento, por isso, acham dispensável investir tempo em um plano de negócio, preferindo começar de uma vez e ir aprendendo conforme as coisas se desenrolam. É um grupo que aposta mais em agir por tentativa e erro do que em planejar para evitar erros.

Outra frente supervaloriza a elaboração de um plano de negócio e, algumas vezes, acaba atrasando o sonho de empreender pelo preciosismo de querer alcançar o "plano perfeito". São documentos com tantas páginas repletas de regras, normas e procedimentos que acaba ficando inviável colocar tudo aquilo em prática. Há também uma terceira frente — da qual faço parte — que acredita ser primordial a elaboração de um plano de negócio, desde que seja algo que simplifique as coisas e não tome mais tempo do que deveria. Como vimos no primeiro capítulo, a potência sem o ato não é nada, por isso, ficar apenas na teoria e deixar de trabalhar na prática não vai trazer resultados. Por outro lado, agir precipitadamente não é o caminho. Há até um provérbio que confirma essa afirmação: "Não é bom proceder sem refletir, e peca quem é precipitado" (Provérbios 19-2).

Ou seja, precisamos refletir antes de agir, pois se formos precipitadas estaremos pecando, ou seja, cometendo um erro. Por isso é que creio em um meio-termo, em que o plano de negócio não tome mais tempo do que o necessário e que não "engesse" as tomadas de decisão. Quando o empreendedor valoriza ou romanceia demais a teoria, a prática acaba ficando comprometida, pois nem sempre as coisas acontecem como prevemos. Porém, partir para a ação sem nenhum planejamento é um risco muito grande. Devemos sempre buscar o equilíbrio e simplificar tudo o que seja possível. Com base nisso, creio que um bom planejamento pode ser feito a partir do método Canvas, que é uma ferramenta muito simples para a criação de planos de negócios.

Implementação do método Canvas

Criado pelo suíço Alexander Osterwalder, o Canvas é uma ferramenta que veio para descomplicar o desenvolvimento de planos de negócios. Em vez de dezenas de páginas com todas as decisões, regras e normas da empresa, o Canvas é composto por uma única página, onde figuram nove blocos integrados. A genialidade do método foi ter conseguido sintetizar em um modelo gráfico de fácil visualização os principais pontos de um negócio.

A seguir você vai ver, passo a passo, como é a composição do quadro, o que significa cada um dos nove blocos e como preenchê-los de acordo com seu negócio.

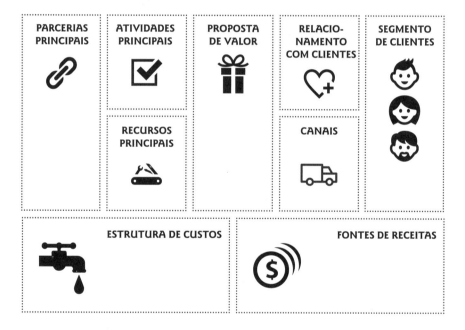

Essa é a forma gráfica do Canvas: um quadro dividido em nove partes que representam os nove principais pontos de um negócio. Cada bloco possui um ícone para ilustrar a que ponto se refere.

Para entender a divisão dos blocos, podemos agrupar o quadro em quatro partes.

Lugar de mulher é onde ela quiser

1. **O quê** — O que você vai oferecer (produto e/ou serviço)
2. **Como** — Como você vai desenvolver seu negócio
3. **Quem** — Para quem seu negócio será direcionado (quem serão seus clientes)
4. **Quanto** — Quanto você vai investir e quanto vai lucrar

Para preencher cada bloco do Canvas você deve começar definindo *o quê (1)*, depois *quem (2, 3 e 4)*, *como (5, 6 e 7)* e, por fim, *quanto (8 e 9)*.

1) Proposta de valor — este ponto se refere ao que seu produto e/ou serviço vai proporcionar aos clientes. Para preencher você deve responder perguntas como: qual o valor daquilo que ofereço? Quais são os diferenciais do meu produto ou serviço? Quais vantagens ofereço?

2) Segmento de clientes — todo empreendedor quer alcançar o máximo de clientes possível, mas isso não significa alcançar todo mundo, pois fica mais difícil quando se trabalha sem foco. Por mais que você queira vender, deve saber que nem todo mundo será seu cliente, por isso, o melhor é segmentar seus clientes agrupando-os de alguma forma: por gênero, faixa etária, localização, nicho etc. Pergunte-se: quais são as pessoas que se interessariam pelo meu produto e/ou serviço? Onde eles estão? Quem pode pagar? Quais necessidades têm em comum?

3) Relacionamento com clientes — aqui você deve definir de que forma irá conquistar e estabelecer (manter) seus clientes. Você vai atender pessoalmente? Com hora marcada? Via internet? Por telefone? Terá um canal para o cliente se comunicar com a empresa (SAC)?

4) Canais — esse bloco se refere à maneira como seu produto chegará ao cliente. Será pronta entrega retirando na loja? Será por encomenda entregando por portador? Via correio? Vendedor porta a porta?

5) Atividades principais — referem-se às tarefas que você vai realizar para desenvolver seus produtos e/ou serviços para, dessa forma, cumprir a proposta de valor. Você deve listar as atividades que terá de desempenhar para poder avaliar quais recursos serão necessários.

6) Recursos principais — sabendo o que você terá de desempenhar, chegou a hora de avaliar quais recursos serão necessários. Você precisará de pessoas? De um espaço físico? De computadores ou outros tipos de maquinários? Como irá levantar o capital: será próprio, de investidores, financiamento?

7) Parcerias principais — definição de fornecedores e parceiros de trabalho para tornar possível o cumprimento da proposta de valor.

8) Estrutura de custos — neste momento você deve listar seus principais custos, como salários, aluguel, fornecedores, divulgação etc. Em valores ou em porcentagens.

9) Fontes de receita — é como você vai transformar seu produto e/ou serviço em retorno financeiro, ou seja, de que formas o dinheiro chegará ao seu negócio: vendas em loja física, vendas on-line, parcerias com empresas etc.

Vamos preencher o Canvas usando como exemplo uma empresa que vai criar e comercializar jogos americanos descartáveis em série e personalizados.

Quando você coloca no papel os principais fatores do seu negócio fica muito mais fácil ter um direcionamento do que será necessário, pois você visualiza, em um só quadro, um panorama de ações-chave. Dessa forma, você pode começar a compor os detalhes de cada bloco e ter uma ideia muito mais clara do seu empreendimento. Seguindo nosso exemplo, a proposta de valor poderia ser:

- Fotografar mesas com os produtos da linha;
- Buscar informações saudáveis para preparar os textos que constarão nos jogos americanos;
- Elaborar textos falando sobre a praticidade dos descartáveis;

Patricia Lages

- Pesquisar temas para coleções;
- Levantar possibilidade de os próprios clientes mandarem suas artes para jogos personalizados;
- Divulgar a comodidade da entrega em casa.

O passo seguinte é listar, bloco a bloco, tudo o que você pode fazer para colocar seu negócio em marcha e estabelecer um plano de ação. É muito mais prático e produtivo quando você tem um direcionamento do que deve ser feito. Além de você se antecipar, fica mais difícil ser pega desprevenida. O Canvas é uma ferramenta excelente, por isso, recomendo que você busque mais informações sobre ela, pois aqui temos apenas uma pequena introdução. Sugiro a leitura do livro do idealizador do Canvas, Alexander Osterwalder, *Inovação em modelos de negócios — business model generation*, para que você tire ainda mais proveito do método.

Conheça as formalidades e as burocracias

Para alguns modelos de negócio você até pode começar a testar se dará certo sem abrir uma empresa logo de cara. Porém, trabalhar na informalidade por muito tempo vai impedi-la de crescer, pois empresas raramente contratam ou compram produtos sem emissão de notas fiscais. Até mesmo fazer envios por transportadora ou correios pode ficar inviável. Por isso, informe-se sobre o que terá de fazer para formalizar seu negócio, ainda que não vá fazer isso logo de início. É preciso saber quais taxas deverão ser pagas, quanto será a mensalidade de um bom contador (não pense que poderá tocar sua empresa sem um contador!), em que carga tributária se encaixa etc. Sem uma empresa formal você também não terá como obter empréstimos bancários, como capital de giro. Pedir um empréstimo ou financiamento bancário muitas vezes são medidas necessárias para viabilizar ou ampliar um negócio.

Outra dica importante é: *consulte profissionais e não confie em tudo o que vê na internet*. Não confie em todo "consultor" que aparecer na sua frente, pois hoje em dia não faltam pessoas que fazem um curso de oito horas e saem gritando aos quatro ventos que são especialistas nisso e naquilo. No ambiente da internet, quem sabe fazer ou tem dinheiro para encomendar um bom site pode parecer muito profissional, mas nem sempre isso é verdade. Busque referências com conhecidos, pesquise bastante e não contrate qualquer um. Seja prudente!

Faça um planejamento financeiro

Quem abre um negócio obviamente tem intenção de viver de seus lucros, porém, como eles podem demorar certo tempo para acontecer, é preciso ter um bom planejamento financeiro para não colocar o empreendimento a perder. Não é difícil ver um bom negócio ir por água abaixo porque o empreendedor começou a tirar dinheiro do caixa para arcar com o sustento próprio antes de a empresa se estabelecer. As contas pessoais vão chegando e a tentação de pegar o primeiro dinheiro que entra para quitá-las é muito grande. Porém, ao tirar receita do caixa para cobrir despesas pessoais, fatalmente as despesas da empresa ficarão descobertas e os problemas começarão a surgir rapidamente. Quando faltar caixa para pagar um fornecedor e você ficar sem matéria-prima para produzir, entregar e receber de seus clientes, verá que não deveria ter pago o aluguel de casa com dinheiro da empresa... Mas, nesse caso, o que fazer já que ser despejada não é o melhor caminho? É necessário, antes de investir todas as economias na empresa, fazer um caixa pessoal para cobrir seus gastos por certo período, até que seu negócio comece a lhe pagar um salário. Fica difícil estabelecer um prazo que dê certo para todo mundo, pois tudo dependerá da dinâmica de cada negócio, mas ter uma reserva para seis meses já seria de bom tamanho. Se puder cobrir um período maior, melhor ainda. Por essa razão, uma ótima opção é começar a empreender ainda empregada, assim você se mantém enquanto o negócio se firma e opta por sair do trabalho quando vir que já é possível entrar de cabeça 100%.

Mas se você não tem essa opção, é aconselhável começar operando com o mínimo de custos fixos possíveis e preferir trabalhar com custos variáveis. Veja a diferença entre eles:

> **Custo fixo** — refere-se a todas as despesas pagas (geralmente por mês), independentemente da sua produção e do seu lucro (por exemplo, aluguel, salários, mensalidade do contador etc.).

> **Custo variável** — refere-se aos gastos atrelados à produção ou aos lucros (por exemplo, compra de matéria-prima, comissões de venda, tarifas de transporte/entregas, pessoas remuneradas por produção).

Na prática, seria algo como alugar um local somente quando se fizer absolutamente necessário e ao menor custo possível. À medida que o negócio for crescendo, a empresa poderá mudar-se para um local maior ou mais apropriado. Contratar pessoal com remuneração atrelada à produção ou por comissionamento: produziu mais, gerou mais lucro, ganha mais; vendeu menos, gerou menos lucro, custará menos ao seu caixa. Salários fixos são mais difíceis de honrar no início, pois você pode ter um mês de lucros baixos, mas ter de arcar com o pagamento integral, mais todos os ônus. Por essa razão é importante ter um bom contador e uma boa assessoria jurídica, assim você trabalha dentro da lei, mas optando por modelos que sejam mais viáveis à sua realidade no momento. Talvez seu modelo de negócio permita contratar estagiários ou terceirizar e isso pode ser benéfico para todas as partes, é apenas uma questão de analisar as possibilidades e escolher a melhor em cada fase do negócio. Entenda que assessoria jurídica não significa necessariamente arcar com um monte de honorários advocatícios, mas sim, obter informação jurídica de fontes confiáveis e consultar um profissional antes de tomar uma decisão, caso haja dúvidas. Lembre-se de que quase sempre um erro sai mais caro do que uma consultoria.

~ Capítulo 12 ~

DEZ ERROS FATAIS NA HORA DE EMPREENDER

Nos negócios informação é tudo, pois como vimos no capítulo anterior, erros costumam ser mais caros que consultorias. Sempre que possível, consulto profissionais, leio livros e busco informação de qualidade na internet, tanto para meu uso como para dividir experiências com outras empreendedoras e, claro, com você, leitora! Neste capítulo, você verá os dez erros mais comuns de quem abre um negócio. A referência vem de um artigo muito interessante, publicado no site Vida e Carreira (www.vidaecarreira.com.br), da psicóloga, escritora e consultora de carreira Adriana Gomes, além de frases especialmente criadas para facilitar a memorização do que deve ser feito para não cair nesses erros.

Apesar de sermos indivíduos únicos, somos todos da mesma espécie e, portanto, nossa tendência a repetir padrões é muito mais comum do que pensamos. Em determinados casos, somos os seres mais previsíveis que existem! Chegamos às mesmas conclusões quando estamos submetidas a situações similares e, em consequência disso, acabamos cometendo erros parecidos. Sabemos que muitos negócios se perdem por conta de crises econômicas e problemas alheios à vontade ou à competência do empreendedor, mas, na maioria das vezes, o término do sonho se dá por erros que poderiam ser evitados. Ao final do capítulo, você encontrará dicas especiais para quem trabalha ou está pensando em trabalhar em casa, já que muitos negócios terminam por problemas ligados à falta de adequação ao unir casa e trabalho (mas isso não vai acontecer com você!).

1. *Necessidade acima de tudo*

Infelizmente, nos dias de hoje, muitos profissionais têm sido demitidos e, por encontrarem as portas do mercado de trabalho fechadas, decidem abrir as próprias portas, principalmente quem já passou dos quarenta anos. Abrir um negócio só por necessidade, sem saber se essa é a melhor opção para seu perfil, não é a solução. Já vimos que empreender para tirar um sonho do papel não é tarefa fácil, imagine então se você empreende apenas para pagar as contas, sem que esse seja seu projeto de vida! Diante das primeiras dificuldades você iria esmorecer e abandonar o navio, por isso, coloque a vontade, o sonho e o desejo de empreender acima das necessidades financeiras ou das dificuldades em se recolocar no mercado de trabalho. Outro erro comum que tenho observado é o de abrir um negócio apenas enquanto busca um emprego. É o tal "vou vender trufa até a coisa melhorar". Isso é um erro porque a pessoa não se empenha no negócio, nem o trata como negócio, além de viciar o mercado. É diferente uma pessoa produzir e vender chocolate para pagar a conta de luz, de outra que faz disso um negócio de verdade. Não é difícil ver uma empreendedora lutando para fazer seus clientes reconhecerem o valor de seus produtos ou serviços, mas ser atravessada por alguém que oferece algo similar a um preço menor só porque tem uma conta vencendo amanhã. Há alguns meses circulou na internet uma postagem mostrando como uma fotógrafa amadora havia acabado com um casamento. Ela nunca havia feito a cobertura fotográfica de um evento assim, mas tinha uma "câmera legal" e apresentou um orçamento muito menor do que qualquer fotógrafo profissional de casamento consultado. O casal quis economizar e arriscou, depois se arrependeu amargamente do resultado, pois além de ter perdido o registro de vários momentos que nunca mais serão repetidos — enquanto a fotógrafa fazia *selfies* e se fartava dos comes e bebes —, as fotos entregues não tinham qualidade.

O ramo de festas infantis e eventos também tem sido amplamente arruinado por pessoas que acham que qualquer um pode fazer esse trabalho e que, além de se divertirem, ainda vão ganhar uns trocados. Estar em uma festa não tem nada a ver com organizá-la, mas nem todo mundo vê dessa forma. Ou seja, empreender por necessidade acaba não sendo bom para ninguém, nem para quem oferece um produto ou serviço para quebrar um galho, nem para quem contrata. Quem ama o que faz — e faz por opção — sempre vai oferecer algo de maior valor do que quem faz por fazer, concorda?

> *Faço o que amo, por isso o faço bem-feito!*

2. Não fazer um plano de negócio

Como mencionei no capítulo anterior, um plano de negócio na dose certa é algo necessário. Por isso é imprescindível que você escolha a forma de desenvolvê-lo de acordo com o que funciona para você. Ainda que eu tenha dito que quanto mais simples melhor, talvez você seja aquela pessoa que gosta de detalhar tudo e se daria bem tendo um plano mais elaborado. Nesse quesito, não creio que haja uma fórmula única de desenvolvimento, desde que o plano seja uma ferramenta que vise o futuro da empresa e ajude-a a manter o foco.

Planejamento + ação = conquista

3. Oferecer produtos ou serviços sem diferencial

Fazer mais do mesmo não vai destacar sua empresa dentre tantas outras que já existem. Isso não quer dizer que você terá de inventar um produto ou serviço e fazer algo que ninguém nunca fez, mas sim, oferecer algo diferente do que existe entre seus concorrentes. Em seu artigo, Adriana Gomes menciona que uma boa solução é ficar atenta às necessidades do consumidor e adaptar processos e ideias de grandes empresas para a realidade do seu mercado. Por exemplo, o mercado de eventos de luxo é para uma pequena fatia da população, mas se o mercado classe C quer "glamorizar" seus eventos, por que não oferecer opções intermediárias? Ou seja, não é atravessar o negócio dos outros nem viciar mercados, mas sim, abrir o leque de opções para encontrar um diferencial. Muitos empreendedores se focam no que os concorrentes estão fazendo, mas é ainda mais importante focar nas necessidades do mercado e tentar supri-las de uma forma criativa e com valor agregado.

Não luto para ser igual. O que eu quero é ser diferente!

4. Não diferenciar modismos de oportunidades reais de negócio

Você deve ter percebido que, de tempos em tempos, modismos surgem e desaparecem, não é verdade? Lojas de pipoca *gourmet*, iogurte, *cupcakes*, picolés mexicanos e outras tantas foram vistas como grandes oportunidades, mas não passaram de modismos. Foram negócios e franquias que "maquiaram" diferenciais que, na verdade, não existiam ou não estavam de acordo com os desejos e as necessidades dos consumidores. Até hoje não sei o que transforma uma pipoca em *gourmet* justificando aqueles preços absurdos de pacotes prontos de um alimento que só tem graça quando é feito na hora... Os *cupcakes* a peso de ouro só funcionaram enquanto as pessoas ainda não tinham percebido que eram bolos em porções menores e que não valiam o preço de um bolo inteiro! Esse mercado teve que dar um passo atrás e acertar seus produtos e preços para não amargar prejuízos ou mesmo desaparecer. Empreender em um ramo que está em alta certamente é uma excelente opção, mas é necessário diferenciar o que é oportunidade e o que é apenas um modismo. Pesquisar a concorrência e o mercado é uma boa, mas também é preciso apresentar um diferencial real para que seus clientes vejam que se trata de algo que veio para ficar.

Não busco modismos, mas oportunidades. Eu vim para ficar!

5. Não saber quem é seu cliente

Sua mãe já dizia que você nunca iria agradar todo mundo, e ela tinha toda razão! Nenhum negócio é para todos, ainda que seja excelente, portanto, o sucesso de um negócio está em saber exatamente quem é seu público e como multiplicá-lo de forma a dar conta de atendê-lo. Um crescimento repentino é algo que todo empreendedor busca, mas quando não há estrutura para atender à demanda a qualidade do atendimento cai e os clientes pulam fora.

Conheço uma artesã que faz bonecas maravilhosas em crochê, mas que levam muito tempo para ficarem prontas. São todas feitas 100% à mão, além de serem criações próprias. As bonecas têm um preço elevado, pois o lucro não vem da quantidade e sim da exclusividade. Nesse caso, os clientes dela não são apenas pessoas que gostam de bonecas de crochê, mas sim, pessoas que queiram algo diferenciado e exclusivo e tenham paciência para aguardar a produção, que será feita sob medida. Sendo assim, não adianta anunciar em site de artesanato de varejo ou baixar o preço para nivelar-se com a concorrência. O que vai trazer resultado é o boca a boca, a boa propaganda que as próprias clientes irão fazer e sites de presentes exclusivos, por exemplo. É importante que você não atire para todos os lados, caso contrário vai acabar perdendo as características do seu negócio e ficando sem saber, de fato, quem é seu cliente.

> *Conheça seu cliente e você saberá onde buscá-lo!*

6. Não ter um bom atendimento pós-venda

Imaginar que você terá um negócio onde não haverá reclamações é ser muito ingênua. Ainda que você fosse atender apenas a parentes e amigos não evitaria que as críticas acontecessem. Mas isso nem sempre é ruim, pois eu mesma já fiz acertos no meu negócio por meio de dicas e críticas feitas pelo público. O importante é ter um canal aberto para ouvir o cliente e atendê-lo em suas demandas e necessidades, sabendo que uma venda não termina quando você entrega o produto ou uma prestação de serviços não acaba quando você finaliza sua parte. Um cliente satisfeito não é apenas aquele que não tem nada do que reclamar, mas também aquele que é atendido em sua reclamação. Já houve casos em que leitoras postaram reclamações no Facebook por terem comprado um livro com páginas faltando. Elas não haviam comprado comigo, mas em livrarias de suas cidades, então perguntei se era possível retornarem ao local de compra com o cupom fiscal para pedirem a troca. Em dois casos, só isso já foi o bastante para as leitoras ficarem superagradecidas! Elas haviam reclamado achando que não daria em nada, mas quando viram que houve retorno, sentiram-se respeitadas. Isso também bastou para que o comentário "fui enganada, nunca mais compro livro dessa fulana" fosse trocado por "gente, acreditam que ela mesma me respondeu? Virei fã!"

Outra leitora havia perdido o prazo de troca do livro com defeito e me escreveu no blog pedindo que eu mandasse as páginas que estavam faltando por e-mail. Pedi o endereço e mandei um livro novo autografado. Embora ela nem tivesse direito, fiquei muito grata pela forma respeitosa como ela me tratou e fiz questão de retribuir. Ela ficou tão feliz que publicou um texto superfofo nas redes sociais elogiando, agradecendo e indicando o livro da "escritora que respeita suas leitoras de verdade".

Ter esse canal de atendimento não só resolveu o problema de algumas leitoras como também me trouxe novas leitoras. Quando você abre um canal de comunicação eficiente com seu cliente, acaba tendo uma ferramenta poderosa de propaganda e uma grande fonte de pesquisa. Por isso, deixe claras as condições de compra, mantenha um canal aberto para atender às demandas de seus clientes e resolva da melhor forma possível, ainda que você faça coisas além dos direitos deles. Às vezes temos de perder um pouquinho hoje para ganhar algo lá na frente.

Ouvir o cliente é sinal de respeito.

7. Falta de planejamento financeiro

Esse aqui é um vilão daqueles! Da mesma forma que muita gente não sabe como administrar seu salário, muitas empreendedoras não consideram a importância de ter um bom controle financeiro. Como comentei, muitas vezes o foco está tão fechado no produto que esquecemos que trabalhamos com o intuito de tornar nosso negócio viável e que nos proporcione lucro. Quando trabalhamos no automático, sem parar para analisar despesas, custos e ganhos, corremos o risco de ficar trocando seis por meia dúzia. De nada adiantaria investir tempo apenas em ter um produto excelente sem saber se ele está dando lucro. Um bom planejamento financeiro é um aliado importantíssimo do seu negócio, pois é capaz de mostrar se todo o seu esforço está valendo a pena ou não. Esse controle deve existir para prever despesas futuras e não apenas discriminar o que já foi gasto para, depois de todo o sacrifício feito, percebermos que estamos correndo sobre uma esteira sem sair do lugar. Mais adiante, teremos um capítulo inteiro com o passo a passo para você montar um planejamento simples, fácil de alimentar, mas muito eficiente. Por isso, não seja inimiga da matemática e nem pense em pular essa parte!

> *Nenhuma empresa é saudável se as contas estão no vermelho.*

8. Querer manter o negócio com os lucros futuros

Trata-se das pessoas que começam a empreender sem ter capital de giro, ou seja, sem dispor de um valor para manutenção das despesas da empresa até que ela se estabilize e passe a render os próprios lucros. Esse foi um dos erros que me fez perder um negócio anos atrás (e ganhar uma dívida astronômica). Eu achava que não precisava ter dinheiro em caixa, pois os lucros que a própria loja daria cobririam as despesas e os fornecedores. Porém, não foi isso que aconteceu. Apesar de conseguir comprar a prazo, eu também precisava vender a prazo e, muitas vezes, as faturas dos fornecedores venciam antes que eu tivesse recebido a primeira parcela das vendas. Quitá-las com atraso me acarretou juros que acabaram consumindo as porcentagens de lucro e logo eu me vi em uma espiral descendente da qual não conseguia mais sair. Aprendi a duras penas que é preciso ter dinheiro em caixa tanto para ter mercadorias pagas (dando fôlego ao caixa mesmo que os clientes atrasem os pagamentos), quanto para suprir gastos e despesas do dia a dia. Se você vai começar um micronegócio sem grandes despesas, até é possível iniciar sem essa reserva, mas saiba que para crescer será necessário formar esse caixa e reinvesti-lo no negócio periodicamente até que ele se sustente.

Ter caixa para não se endividar é uma meta que deve ser perseguida.

9. Misturar o caixa da empresa com as finanças pessoais

Erro mais do que comum cometido por muitos micros e pequenos empresários. É o tal negócio: chegou a conta do celular do filho, ele passa no caixa e, sem a menor cerimônia, "faz um saque" para pagá-la. Isso é mortal para a saúde financeira da empresa, pois desestabiliza o caixa e coloca todo controle a perder, pois, no final do dia você vai ter um balanço de vendas que não vai bater com o valor do caixa. Além do que você não sabe se o dinheiro que foi retirado fará falta para quitar alguma despesa da empresa. É preciso resistir à tentação de pegar dinheiro da empresa, ainda que alguma conta pessoal tenha de ficar pendente por certo período. Mas é importante dizer que o inverso, ou seja, colocar dinheiro do bolso para cobrir gastos da empresa, também não dá certo. Se o dinheiro da empresa não está sendo suficiente para cobrir as contas é porque seu lucro não está sendo suficiente para manter o negócio funcionando. Quando isso acontece, é preciso avaliar os motivos e reestruturar tudo o que seja necessário para que o caixa se reequilibre. Começar a gastar suas economias, vender seus bens ou pedir empréstimos pessoais para corrigir uma rota errada é um péssimo caminho, pois pode acabar não só com seu negócio, mas também deixá-la em uma situação complicada com suas finanças pessoais.

> *O caixa da empresa não pode ser visto como "caixa eletrônico".*

10. Errar na escolha do sócio, não fazer um contrato societário ou mesmo ter um sócio!

Costumo dizer que ter um sócio é ter um risco a mais em um negócio. Como raramente vi casos em que a sociedade deu certo, não sou adepta dessa modalidade. Mas há consultores de negócios que veem a sociedade de forma positiva, pois um sócio poderia ajudar na administração e nas contas. Porém, não podemos esquecer que sociedade é uma espécie de casamento, e casamento dá trabalho! É preciso ter atenção redobrada, pois o negócio não é só seu e as decisões também não poderão ser só suas. Haverá momentos em que você não concordará com as opiniões do sócio ou da sócia e, diante de um impasse, algumas vezes terá seus desejos atendidos e, em outras, terá de ceder, não importando quem trabalha mais, quem colocou mais dinheiro ou quem ficou até mais tarde ontem. Mas, uma coisa com a qual os sócios precisam concordar antes de mais nada é estabelecer um contrato que especifique as atribuições de cada um e seus direitos, bem como os termos para o caso de alguém desejar deixar a sociedade. Isso vale para todo mundo: marido e mulher, pai e filho, irmãos ou melhores amigos. Se os sócios já discordam de cara em colocar as condições no papel, imagine como será a relação de trabalho entre eles. Portanto, se você optar por estabelecer sociedade, não abra mão de fazer um contrato elaborado por um profissional capacitado e registrar em cartório. Vale o velho ditado: o combinado não é caro!

Sociedade é como um casamento, escolha bem com quem irá dividir seus sonhos.

Trabalhar em casa: há um jeito certo de fazer isso!

Fiz questão de incluir algumas dicas do que *não* fazer quando se trabalha em casa, pois uma ótima saída para começar um negócio sem se comprometer com gastos fixos altos, como aluguel e despesas extras como mobília, segurança, transporte etc., é iniciar suas operações em casa. Mas há certos cuidados que você deve tomar para não comprometer sua produtividade nem passar para o cliente um ar de amadorismo naquilo que faz. O conceito de que trabalhar em casa não é trabalhar ainda existe, mas hoje já é muito mais aceitável em várias profissões e tipos de negócio que se trabalhe em regime *de home office* ou que se produza algo no fundo do quintal, desde que não pareça produto de fundo de quintal. Em nosso estúdio fotográfico, por exemplo, sempre contratamos remotamente serviço de tratamento de imagem, ou seja, contatamos nossos fornecedores por telefone ou e-mail, acertamos os detalhes do serviço, enviamos as fotos via internet e, dentro de certo prazo, recebemos as imagens tratadas de volta. Para nós, não importa se o tratador fez em um escritório lindo na Avenida Paulista, nas areias de Copacabana com o laptop no colo ou debaixo das cobertas. O que interessa é que o trabalho seja bem-feito e entregue no dia combinado. Alguns fornecedores eu nem sequer conheço pessoalmente, mas tudo funciona muito bem. Porém, para que esse maquinário esteja bem lubrificado é necessário que se tome uma série de cuidados para não cair nos erros mais comuns de quem trabalha em casa.

Não ter um local reservado para o trabalho. Trabalhar em casa não significa que a casa inteira é sua empresa. Você precisa ter um local de trabalho definido e organizado para que tudo funcione perfeitamente. Não use a mesa da cozinha, pois você teria de "desmontar" sua empresa a cada refeição (ou fazer a família comer na sala), nem use o sofá da sala para não ter de dividir sua atenção com alguém assistindo à TV (ou armar uma guerra e não deixar mais ninguém assistir à novela!). Mesmo para quem mora só, é importantíssimo delimitar uma área, nem que seja bem pequena, para que você se condicione a "ir para o trabalho", bem como a "sair dele". Concentre todo o material na sua área de trabalho para não ter de vasculhar a casa inteira quando precisar de um arquivo ou acabar encontrando um utensílio importante na casinha do cachorro. Não dá para entregar um documento sujo de papinha e querer justificar dizendo que fez revisão dos termos enquanto dava almoço para o bebê, nem entregar uma encomenda com a embalagem mastigada pelo seu gato, como já vi acontecer! Esse tipo de descuido é que faz com que seu trabalho pareça amador, mesmo que você seja uma boa profissional. Sua área de trabalho deve ser mantida como se aquele local não fizesse parte da casa. Lá não é lugar para ter brinquedos, panelas, roupas, maquiagem e nem para qualquer um entrar e revirar tudo. Seu local de trabalho tem de ser só seu para que você possa ter paz para trabalhar e não enlouquecer em meio ao caos. Se você não tem um local assim, é melhor buscar um espaço de *coworking* ou algo similar para não correr o risco de começar mal. Mas saiba que, ainda que pareça difícil em algumas famílias, se você tentar fazer a coisa funcionar e conseguir envolver a família para que a apoie, pode dar certo. Vale tentar!

Não ter horários para começar e parar de trabalhar. Apesar de trabalhar para si mesma, se você não tiver uma rotina disciplinada, isso não vai dar certo. O ideal é impor um ritmo de trabalho e mantê-lo para que sua vida não fique em uma montanha-russa, onde um dia você começa às sete horas da manhã e para às quatro da tarde e no outro começa ao meio-dia e vai até meia-noite. Se você entrar nesse ritmo descompassado, em pouco tempo estará totalmente perdida... Como vimos, empreender é um estilo de vida que lhe confere liberdade, mas quando o trabalho toma todo o seu tempo, essa liberdade se perde e a qualidade de vida que você tanto deseja fica cada vez mais distante. Por isso, na medida do possível, tenha disciplina, ainda mais quando seu local de trabalho está dentro da sua casa e, de certa forma, invadindo o espaço da sua família. Procure estabelecer horários, tanto para você mesma como para seus clientes. O fato de seus clientes saberem que você está em casa não lhes dá o direito de ligar às onze da noite ou às seis da manhã. Estabeleça limites para si e para os outros, caso contrário você acabará ficando refém do trabalho e, quando se der conta, não conseguirá fazer as coisas mais comuns como almoçar, jantar ou tomar banho... Para o primeiro cliente que ligar fora de hora, informe que você atende das 8h às 18h, por exemplo, e peça para que tente se encaixar nesse horário. Você pode até atender, se for realmente necessário, mas deixe claro que se trata de uma exceção e que você não fará isso sempre.

Não programar as refeições. É comum encontrar empreendedoras que trabalham em casa, mas que se alimentam pior do que quando trabalhavam fora. Isso porque elas não reservam mais tempo para ir ao mercado, imaginando que poderá "dar um pulinho quando precisar". É o tal negócio: aquilo que você pode fazer a qualquer hora, acaba fazendo hora nenhuma. Portanto, continue tendo um dia para ir ao mercado e não deixar as coisas faltarem. Adiante o almoço deixando alimentos pré-prontos, salada lavada, enfim, programe-se para facilitar sua vida e não pule as refeições por falta de tempo para preparar. Ter um cardápio predeterminado também pode ajudar bastante, pois você já sabe o que vai fazer e compra exatamente o que será consumido. Como empreendedora, certamente você terá épocas em que parar para fazer uma refeição será um luxo, mas que isso seja a exceção e não a regra, combinado?

Não ter um local para atender os clientes. Se na sua casa não é possível receber clientes, procure ter um local para fazer isso. Você pode alugar salas de reunião por hora ou mesmo uma mesa em um espaço de *coworking*. Dependendo do tipo de reunião, você pode optar por um restaurante ou café em um local de fácil acesso. Não é preciso dar desculpas do tipo "eu trabalho em casa e lá é um caos tão grande que não posso receber ninguém", apenas marque o local e faça as coisas funcionarem. Hoje em dia as pessoas querem muito mais resultados do que pompa e circunstância. Seja lá onde for, faça seu melhor e não veja isso como algo negativo, pois negativo mesmo será ser pega desprevenida quando precisar atender um bom cliente e não tiver ideia do que fazer. Uma boa empreendedora tem sempre um plano B na manga!

Descuidar do atendimento. Se for possível ter um telefone exclusivo para o trabalho é melhor não usar o de casa. Isso porque sua família pode ocupar a linha enquanto um cliente tenta se comunicar com você ou atender seus clientes de uma forma amadora. Sempre menciono o caso de um vendedor superpremiado que optou por sair da empresa para abrir seu negócio em casa. Ele havia ganhado tanto dinheiro para as empresas que trabalhava que decidiu ganhar para si mesmo e não mais viver apenas de comissão. Ótima ideia! Só que, passado algum tempo, ele não entendia o motivo pelo qual não conseguia mais vender como antes. Começou a achar que estava perdendo a mão, que já não tinha tanto talento assim e que o melhor era voltar a ser empregado mesmo. Mas ao ligar para a casa dele era muito fácil entender a razão. O filho pequeno atendia ao telefone e ficava fazendo piadinhas com os clientes e, quando não, desligava o telefone chamando a pessoa do outro lado da linha de chata, boba e por aí vai... Quando era o pai que atendia, o menino aumentava o volume da TV ou começava a gritar, querendo toda a atenção para si. Era impossível ter uma conversa profissional com aquela "trilha sonora" ao fundo. Os clientes foram cansando desse tratamento e buscaram outros fornecedores, tudo porque o atendimento era amador, deixando a impressão de que ele já não era mais o profissional de antes. Também li o caso de uma mãe que postou em suas redes sociais sua indignação contra uma cliente que desfez um pedido por achar que não estava recebendo a devida atenção. Ela escreveu: "essa mulher não entende que os dentes do meu filho estão nascendo? Não podia ligar outro dia já que percebeu que eu não estava prestando atenção? Eu não estava prestando atenção mesmo, meu filho estava sofrendo, mas precisava cancelar? Ela não sabe que estamos em crise e eu tenho de trabalhar? Mulher sem sentimento!" Esse discurso denota grande falta de profissionalismo. Clientes não existem para resolver seus problemas, mas sim para que você resolva os deles, além do que, negócios nada têm a ver com sentimentos. Se você não vai dar a devida atenção ou não quer que seu cliente ouça gritos ou choro, comunique-se de outra forma. Peça para aguardar seu breve retorno ou troque o telefonema por um e-mail, uma mensagem de texto ou algo que efetivamente funcione para que seu cliente veja que você tem capacidade de atendê-lo independentemente se está em casa, cuidando dos filhos ou em um escritório de mármore em um endereço badalado. Se você quer receber por um trabalho profissional, precisa agir como profissional, ainda que, no momento, seu ambiente de trabalho não seja o ideal.

Falta de coerência. Como você já deve ter percebido, particularmente não ligo muito para o exterior, pois meu foco está no resultado. Por muito tempo atravessei a cidade para cortar o cabelo em um salão improvisado em uma garagem, pois o cabeleireiro era ótimo, mas estava desempregado. Eu queria meu cabelo bem cortado e não ligava se não serviam Prosecco, água Perrier ou café colombiano... É claro que ir a um salão cinco estrelas é ótimo, mas prefiro o resultado ao show. Mesmo assim, já deixei de contratar bons profissionais por não terem coerência com respeito àquilo que fazem. Tenho um pouco mais de um metro e meio de altura e peso 46 quilos, por isso preciso ajustar praticamente toda roupa que compro, e ter uma boa costureira é indispensável para mim. Lembro-me de uma que foi superbem indicada, e quando vi a qualidade das peças que ela fazia, resolvi encomendar um *tailleur* para um casamento. Porém, quando fui a casa dela tirar as medidas e levar o tecido (que não foi nada barato) não pude acreditar no que vi... Havia dois cachorros e uns três ou quatro gatos na casa. O quintal estava imundo, repleto de urina dos cães, e os gatos não tinham liteira, usando um canteiro de flores para suas necessidades. O cheiro era de dar náuseas e eu já tive vontade de voltar para o carro. Naquela época eu tinha duas gatas e não tenho problema nenhum com animais, mas eles merecem viver em um lugar limpo. Quando entrei, vi tecidos espalhados por toda a casa e, sobre o sofá, um gato dormia tranquilamente em cima de um corte de tecido que já estava cheio de pelos. Confesso que fiquei imaginando aquelas unhas acabando com meu tecido caro e recém-comprado. A casa estava muito suja, empoeirada e cheirando à gordura, e eu já percebi que teria de mandar a roupa para a lavanderia antes de usar. Para tirar minhas medidas, ela pediu que eu ficasse descalça, mas morri de nojo de pisar naquele chão. Resumindo: eu não via a hora de sair daquele lugar e tomar um bom banho. Quando ela me ligou para fazer uma prova da roupa, a vontade era de dizer que eu havia desistido, que era perda de tempo ir a um casamento já que o número de divórcios cresce a cada ano! Qualquer desculpa valia a pena para não pisar mais naquele lugar... É claro que nunca mais voltei, mas pior do que isso era ver as pessoas elogiando a roupa (que ficou muito bem-feita, embora tenha sido entregue suja e com um cheiro horrível) e eu dando desculpas para não indicar a costureira sem ter de contar a história toda. Agora imagine como seria se eu fosse o tipo de cliente que exige um atendimento digno da rainha Elizabeth? Se você produz alimentos, sua cozinha tem de ser impecável na limpeza e na organização. Se trabalha com estética, precisa oferecer um local calmo, tranquilo e higiênico, que faça sua cliente ter prazer de voltar para uma próxima sessão. Seja crítica com seu local de trabalho para evitar que outras pessoas a critiquem.

Não envolver a família. Se sua família não entender que, apesar de você estar em casa, está trabalhando, as coisas vão ficar difíceis. Por isso, além de estabelecer horários, você precisa deixar claro que não pode sair no meio da tarde para ir ao mercado e nem ficar com o filho da vizinha enquanto ela vai à academia. Você pode ajudar sua família, desde que isso não atrapalhe sua produtividade. Se você não levar isso a sério, mais ninguém levará. Seja a primeira a considerar seu trabalho para poder pedir consideração das demais pessoas.

Não ter tempo para trabalhar. Conheço jornalistas que optaram por montar um *home office* para evitar o deslocamento de casa para a redação, já que muitos trabalhavam cinco horas por dia, mas levavam mais de três só para ir e vir. Porém, a produtividade de alguns caiu drasticamente, pois, uma vez em casa, se encheram de tarefas e já não tinham tempo para trabalhar. Eram as compras no supermercado, as roupas, o cuidado com a casa, os filhos, as plantas, o cachorro. Como diz o ditado, serviço de casa não acaba nunca, logo, ficaram sem tempo para mais nada. Mais uma vez a disciplina é bem-vinda, pois sem um cronograma de trabalho bem definido, as coisas acabam se atropelando mesmo. Defina suas tarefas e aproveite a liberdade de montar seus horários, mas não atropele as coisas, caso contrário você será atropelada pelo trem da improdutividade!

Não "incorporar" a profissional. Trabalhar de pijama ou com "roupa de ficar em casa" é algo que só dá para fazer de vez em quando! Já fiz isso várias vezes ao longo dos cinco anos que trabalho em casa, mas só quando tenho de escrever muito e não vou sair de jeito nenhum. Mesmo assim, corro o risco de alguém chegar de surpresa e me pegar desprevenida... Um dia desses, enquanto estava a mil com a preparação dos textos deste livro, peguei uma tremenda gripe. Meu marido trabalhou de casa nesse dia; então aproveitei, levei o laptop para o quarto e trabalhei debaixo das cobertas. Apesar do mal-estar e da dor de cabeça, foi um luxo poder ficar de pijama o dia todo! Ter essa liberdade é muito legal, mas abusar dela são outros quinhentos. Via de regra, se vista adequadamente para trabalhar. Você não precisa calçar salto alto nem fazer uma supermaquiagem, mas só de passar uma base no rosto para uniformizar a pele e dar um aspecto mais saudável, pentear bem os cabelos e vestir-se de forma adequada, já vai lhe dar outro ânimo e, se a campainha tocar, não será um problema! Incorpore a profissional antes de começar a trabalhar e, certamente, tudo vai fluir melhor.

~ Capítulo 13 ~

ADMINISTRANDO O SEU NEGÓCIO

Se você não se sente capacitada a gerenciar um negócio porque não cursou administração de empresas, fique tranquila! Eu fiz curso técnico de administração no Ensino Médio e posso dizer que, para tocar um pequeno negócio, o curso não ajudou em quase nada. Tudo que aprendi foi gerenciar uma grande empresa, e não a abrir ou administrar um negócio próprio começando do zero. Aprendi estatística, matemática financeira, a fazer cálculos trabalhistas, implementar controles e sistemas de organização, um pouco de marketing, mas o passo a passo para ser dona da minha empresa e de como agir no dia a dia para mantê-la funcionando não apareceu em nenhuma matéria. Isso só foi possível, no meu caso, aprendendo na prática. A princípio, tudo deu muito errado e eu tive de me levantar sozinha do buraco em que caí. Mas hoje você não precisa passar por isso, pois o empreendedorismo vem crescendo e o ensino nas escolas e universidades vai acabar se adaptando às novas necessidades. Enquanto a educação formal não chega lá, nós vamos atrás do que precisamos em outras fontes, por isso, este capítulo traz algumas bases administrativas que você deve colocar em prática no seu negócio sem burocratizá-lo. É certo que a burocracia pode emperrar procedimentos, nos fazer perder tempo e causar prejuízos, mas trabalhar na informalidade, sem procedimentos organizados, não é a saída. Mais uma vez precisamos encontrar o equilíbrio entre as duas coisas.

A ideia aqui é que você monte sua estratégia administrativa a partir destas dicas e vá testando na prática, fazendo sempre os ajustes necessários. Nesse quesito, também não há fórmula mágica, por isso, a melhor pessoa para desenhar seu modelo de administração é você mesma e o que sua experiência for lhe ensinando.

Itens básicos para uma boa administração

Sempre que penso em uma imagem para descrever o que é uma boa administração, o que me vem à cabeça é aquele número de circo de equilibrar pratos. No começo é como a imagem abaixo: não nos saímos muito bem! Nós nos sentimos desconfortáveis, nos cansamos rápido e o medo de deixar algum prato cair fica rondando nossa mente.

Mas basta um pouco de treino e perseverança para que a tarefa vá ficando cada vez mais fácil e natural. Hoje pode ser que você tenha dificuldade para manter três ou quatro "pratos" girando na sua empresa, mas daqui a algum tempo você não só dominará os primeiros, como também será capaz de incluir outros.

É provável que durante esse período alguns pratos caiam e fiquem lascados ou mesmo se quebrem, mas nossa função é evitar que isso aconteça. Tudo que pudermos fazer para minimizar as quedas e quebras será bem-vindo, e esse é o objetivo deste capítulo: mostrar algumas ferramentas para você dar aquele show!

Planejamento

Antes de começar a administrar sua empresa na prática, você deve definir como serão as rotinas de trabalho que facilitarão seu dia a dia, sem burocratizar os processos. Seu plano de negócio já é um norte do que você tem a fazer e, a partir dele, deve ser desenvolvida a estratégia para cada área de atuação. Sei que a palavra "estratégia" às vezes assusta, mas rapidinho pegamos o jeito!

Basicamente você precisa estabelecer alguns pontos fundamentais para que seu negócio se desenvolva da melhor maneira possível, por exemplo:

> ***Horário de funcionamento*** (abertura, fechamento, intervalos). Quando você não define as regras de forma clara, não tem como cobrar das pessoas que não façam intervalos sempre que quiserem, por exemplo. Onde não há regra, prevalece o entendimento de cada um.

Rotina de limpeza. É sempre bom ter horários definidos para a limpeza, bem como o que será feito a cada dia. Se for possível, deixe a limpeza para antes ou depois do horário de trabalho, assim a chegada inesperada de um cliente não vai pegá-la de surpresa.

Rotina de compras. Defina uma forma de perceber quando as coisas estão acabando antes de acabarem efetivamente, para evitar ter de sair correndo atrás de um item em cima da hora de usá-lo. As coisas de uso frequente, como papéis, tinta para impressora, grampos, clipes etc., eu sempre tenho, pelo menos duas unidades de cada: uma em uso e outra fechada. Quando abro a segunda já anoto para comprar outra e repor quando passar pela papelaria, sem pressa.

Tipo de roupa de trabalho ou uniforme. Já testemunhei um problemão pelo fato de a empresa não ter definido essas regras de forma clara. A recepcionista de uma empresa em que trabalhei estudava biomedicina e investia cada centavo do que ganhava (mais a mesada do pai) na mensalidade do curso, nos livros e em infindáveis cópias que precisava fazer. Para economizar nas roupas, ela definiu um uniforme por conta própria e nós nos acostumamos a vê-la sempre bem alinhada. Mas quando ela teve de sair para se dedicar 100% à faculdade, a nova recepcionista não recebeu nenhuma instrução e, com isso, não viu o menor problema em ir trabalhar com microssaias e blusas ultradecotadas. Sério, era demais... Nós tentávamos dar uns toques, mas ela dizia que éramos caretas e preconceituosas e que o chefe nunca havia reclamado. De fato, ele nunca reclamou, só ficava do alto da escada hipnotizado com os decotes enquanto falava ao telefone. Ela só se deu conta de que seu figurino havia passado dos limites quando foi seguida por um homem que a confundiu com uma garota de programa. Na hora de ir embora, ela foi surpreendida pelo homem que a esperava na porta da empresa. Ela correu para dentro e fez um escândalo, enquanto o homem gritava que pagaria quanto ela quisesse! Foi um constrangimento geral, tanto que ela acabou sendo demitida pelo mesmo chefe que se deleitava com seus decotes. Por isso, é bom definir esse tipo de regra antes de ter qualquer problema, pois o que pode ser apropriado para mim pode não ser para você ou para seus clientes. E não se trata só de questões como essa, mas de qualquer coisa que possa prejudicar seu desempenho ou causar algum tipo de mal-estar.

Procedimentos de fabricação/produção/estoque. Quanto mais claras forem as regras, menos problemas você terá. Existem várias maneiras de se fazer as coisas, mas quando se trata de procedimentos que envolvem custos e despesas, qualquer erro pode trazer prejuízos. Também há segmentos em que existem leis e normas específicas, sejam de segurança, higiene ou outras. Ter processos de produção bem afinados vai lhe trazer economia de dinheiro, de tempo e de dores de cabeça. A forma de estocagem e o controle também devem ser previamente definidos para não haver demoras, perdas ou que as mercadorias sejam danificadas.

Forma de atendimento (pessoal, telefone, e-mail, redes sociais etc.). Vivemos uma época em que as pessoas têm boa qualificação e má educação, infelizmente. Não definir a maneira como os clientes devem ser recebidos — como identificar a empresa no atendimento por telefone, qual a linguagem dos e-mails, entre outras — pode lhe render maus momentos.

Não deixe a cargo do bom senso, pois isso está ficando cada vez mais raro hoje em dia.

Formas de entrega. Se seu trabalho depende de algum tipo de entrega, seja pelos correios, *delivery* ou encomenda prévia, estabeleça regras e as deixe claras para os clientes. Assim você evita estar dentro dos prazos enquanto seus clientes pensam que estão sendo lesados por atrasos.

Ter determinações como essas predefinidas faz com que as coisas aconteçam com mais naturalidade sem que você precise intervir a cada etapa dos processos. Vale a pena sentar, planejar e analisar periodicamente se os sistemas estão funcionando.

Contratação de pessoal

Um erro de muitos empreendedores é só pensar em contratar pessoas quando surge um pedido inesperado de um cliente com um prazo curto de entrega. Na correria, as formalidades ficam de lado e, em algumas situações, o contratante só percebe que perdeu dinheiro depois que paga todas as despesas e fica sem nada! Já vi esse filme várias vezes.

Ainda que você trabalhe sozinha e não creia que poderá contratar alguém tão cedo, não custa pensar em como administrar essa tarefa quando necessário. Empreender é difícil por diversas razões e uma delas é quase nunca saber quanto vai faturar no próximo mês, por isso contratar um funcionário registrado é uma despesa e tanto. Não só por conta do salário em si, mas por todos os ônus que a Consolidação das Leis do Trabalho (CLT) gera, mas contratar informalmente pode ser ainda pior, pois ninguém está livre de sofrer um processo trabalhista. Não vou entrar no mérito da Justiça do Trabalho, mas todos sabemos que, quando um ex-funcionário entra com uma ação, raramente perde, tendo razões ou não. Na visão de muita gente o "patrão" sempre tem mais dinheiro que o empregado, mas isso nem sempre é verdade. Eu mesma já passei várias vezes pela situação de pagar meus funcionários e ficar sem nenhum tostão. Enquanto eles iam comer uma pizza no dia do pagamento eu tinha de dar uma desculpa e ir direto para casa, pois não tinha dinheiro nem para a azeitona... Basta "abrir uma portinha" e muita gente pensa que você está nadando no dinheiro! Esse conceito equivocado faz, muitas vezes, com que ex-funcionários mal-intencionados processem sua empresa e isso pode simplesmente acabar com seu negócio.

Uma saída para não entrar nesse tipo de apuro é buscar outras formas legais de contratação, como terceirização, acordo por trabalho específico *(freelancer)*, comissionamento, estágio etc. Vale a pena consultar seu contador e um advogado trabalhista para ver as melhores opções para sua empresa agir de forma justa, sem que você seja prejudicada futuramente.

Atualmente o que mais se busca é material humano de qualidade. Um tempo atrás as empresas estavam investindo mais em tecnologia do que em pessoal, mas mesmo com toda inovação, profissionais de qualidade ainda são insubstituíveis. Encontrar uma pessoa que vista a camisa da sua empresa não é tarefa fácil, por isso, quando encontrar, valorize, incentive e invista nela. Mas tenha a prudência de não arriscar seu negócio por negligenciar os devidos cuidados.

Se você tem colaboradores ainda na informalidade, corrija essa questão o quanto antes. Repito: consultoria é mais barata do que pagar por um erro, então se programe financeiramente e peça orientação a um profissional de confiança.

Outra questão importante é deixar bem claras as atribuições de cada colaborador. Vale a pena sentar e listar todas as tarefas que ele terá de realizar e incluí-las no contrato de trabalho. Recentemente recebi um e-mail de um auxiliar de serviços gerais que queria a minha opinião se ele deveria ou não acionar a empresa na qual ainda estava trabalhando. Ele reclamava que o patrão o mandava "fazer de tudo um pouco" e que ele tinha de ajudar em todos os departamentos. Para ele, o certo seria trabalhar em uma sala, fazendo uma coisa só, como "todo mundo". A recepcionista ficava na entrada recebendo as pessoas e atendendo ao telefone, ponto. O porteiro ficava na guarita abrindo e fechando o portão, ponto. A "menina do financeiro" ficava cuidando dos pagamentos, ponto. Mas com ele era diferente, porque cada hora pediam uma coisa; que injusto! Uma hora chamavam a atenção dele porque o jardim não estava limpo, outra hora reclamavam que o banheiro estava sem papel e sem sabonete, depois vinham cobrar dele uma providência pelo interfone não estar funcionando e que ele devia ter chamado o técnico ou, pelo menos, avisado a secretária que precisava de reparo. Fora isso, um dia o patrão o mandou varrer o *hall* que vivia empoeirado; que chato! Pois bem, tudo o que ele achava injusto estava dentro das tarefas que estão a cargo de um auxiliar de serviços gerais... E outra, notou que o rapaz não fazia nada sem ser mandado? Mas em vez de estar preocupado em melhorar seu desempenho, ele se sentia injustiçado a ponto de pensar em acionar a empresa. Pode ser que ele nunca tenha se interessado em ler quais são suas funções ou ainda que ninguém o tenha informado a respeito, mas a questão é que esse funcionário não tinha ideia de quais eram suas tarefas e nem havia percebido o quanto a execução de seu trabalho era mediana... Por isso, deixe muito claras quais são as tarefas que cada colaborador deve desempenhar e coloque-as no papel. Um contrato de trabalho bem elaborado pode evitar muitos aborrecimentos, então vale a pena investir tempo para fazê-lo da melhor forma possível.

Treinamento de pessoal

Outro erro frequente é achar que o treinamento é dispensável para determinadas funções consideradas "inferiores" ou óbvias. Todo tipo de trabalho requer instrução, treinamento e avaliação de desempenho, mesmo que *pareça* desnecessário. Lembro-me de uma agência bancária muito grande que passou por uma reforma e ficou linda. Melhoraram o estacionamento, anexaram uma rampa à escadaria e automatizaram a entrada. Porém, pouco tempo depois da inauguração, uma funcionária da limpeza resolveu usar determinado produto para limpar o piso externo. A área era grande, então ela espalhou o produto jogando direto da embalagem no piso e foi passando uma espécie de esfregão de espuma. Isso foi feito durante o dia e sob sol forte. Resultado: o piso que um dia foi branco ficou todo queimado, com manchas amarronzadas por toda a extensão, um horror! Uma única funcionária mal-treinada acabou com o piso todo de uma agência bancária enorme em uma avenida movimentada de São Paulo. Pensaram na reforma, na obra em si, na escolha do material, mas não pensaram em treinar quem iria limpar um piso novo e totalmente diferente do antigo. Toda vez que passo por lá lamento profundamente por terem cometido um erro tão primário e que, literalmente, deixou marcas por toda parte.

E ainda que o funcionário saiba executar suas atribuições, é preciso que você o treine conforme a necessidade e o atualize de tempos em tempos. Você pode contratar uma ótima vendedora, mas precisa treiná-la sobre seu produto e sobre a forma como você deseja que seja apresentado. E vale ter esse conceito em mente: nada é óbvio. Pessoas que se ofendem quando estão sendo ensinadas são difíceis de lidar, portanto fuja desse tipo desde o início. Busque pessoas que ouçam, que queiram aprender e que não se ofendam ao serem corrigidas, caso contrário você corre o risco de ter de submeter sua empresa a elas ou a viver em pé de guerra.

Fora isso tem a questão da perda de clientes por mau atendimento, falta de jogo de cintura, falar demais sobre problemas da empresa, grosserias e afins. Não é incomum sermos atendidas por pessoas que justifiquem seu mau atendimento por problemas da empresa. Eu já ouvi inúmeras coisas "fora da casinha", como:

- "Calma, moça! O computador daqui é de 'mil e novecentos' e demora um século para abrir o sistema... Já reclamei mil vezes, mas ninguém me ouve. É uma porcaria, mas ninguém faz nada!"
- "Não retornei sua ligação porque a gente não dá conta de tanto problema e tem mais gente que atrapalha do que ajuda!"
- "Você está aguardando Fulano? Então senta porque ele nunca chega no horário."
- "Alô! Quer falar com a Beltrana? Olha, ela ainda não chegou e não sei a que hora chega. Eu nunca sei, aliás!"
- "Eu estou tentando achar seu pedido, mas no meio dessa bagunça aqui vai levar tempo!"

É perfeitamente possível contornar situações como essas, veja só:

- Se o computador é lento: "Só um minutinho que o sistema já vai iniciar."
- Se esqueceu de retornar para uma cliente: "Desculpe não ter retornado, mas agora sou toda ouvidos, em que posso ajudá-la?"
- Se Fulano é do tipo que se atrasa, seria muito melhor fazer a espera o mais agradável possível. Café, água ou simplesmente dar um pouco de atenção podem fazer milagres!
- Dizer que a pessoa não está é totalmente diferente de dizer "ela ainda não chegou". O "ainda" dá impressão de que ela deveria estar, mas não está. E nem preciso dizer o quão dispensável é mencionar que há coisas que você "nunca sabe".
- Perder um pedido não é tão difícil assim, ainda mais quando dependemos de algum sistema que pode falhar. Mas em vez de mencionar a desorganização, vale mais pedir ao cliente que aguarde retorno ou, percebendo que pode mesmo não achar, vale falar a verdade de uma forma mais coerente, como: "seu

pedido infelizmente foi extraviado, mas vou resolver agora mesmo anotando novamente e compensando com prioridade de atendimento."

Documentação interna

Com o passar do tempo você sentirá a necessidade de desenvolver alguns documentos internos, como protocolos de entrega e recebimento, anotação de pedidos, planilha de orçamento, contratos para fornecedores e clientes, avisos de entrega etc. O ideal seria que, à medida que você for necessitando de determinado documento interno, o desenvolva de uma forma que possa usar para a maioria dos casos e adote algum sistema automático para empregá-lo. Por exemplo, quando dei início à minha loja virtual, percebi que a cada pedido postado precisaria avisar os clientes de que o envio já estava a caminho e informar o código de rastreamento da encomenda. Como a loja começou com apenas três produtos, não era viável contratar um sistema automatizado, então eu teria de fazer aquilo manualmente. Para não tomar muito tempo, redigi um e-mail padrão, mas como queria dar um atendimento mais pessoal, deixei um espaço para colocar o nome de cada cliente e não um simples "olá" que valesse para todos. Também pedi para criar uma arte para a assinatura e deixar tudo o mais "automático" possível, mas sem ser "robótico".

Quando a primeira encomenda voltou, notei que precisava de outro e-mail padrão, com um texto explicando o ocorrido e dizendo o que seria feito para corrigir a questão o quanto antes. São bem poucas as encomendas que retornam, mas como não estou livre de que isso aconteça, além de estabelecer um padrão de procedimento, também já deixei um modelo de documento pronto.

Nem todos os documentos internos que criei funcionaram na primeira tentativa, então fui mudando e adaptando até chegar a um padrão mais apropriado. São coisas simples, mas que, se não estiverem pré-prontas, acabam dificultando o dia a dia de qualquer empreendedora que queira trabalhar de uma forma mais organizada e sem perder tempo. Mas cuidado! Colocar sua documentação no automático facilita até certo ponto, porém, é importantíssimo reavaliar de tempos em tempos para ver se ainda fazem sentido. Seu negócio é orgânico e, portanto, pode mudar e passar a necessitar de outro tipo de comunicação com seus clientes, fornecedores e colaboradores.

Contratos e orçamentos

Durante uma palestra para mais de oitenta empreendedores, em São Paulo, perguntei quem já havia perdido alguma oportunidade de trabalho por ter demorado no envio de um orçamento. Fiz a pergunta com a mão levantada porque eu mesma já passei por isso algumas vezes e, para minha surpresa, quase todos me acompanharam sinalizando que também cometeram esse erro. Baixei a mão e reformulei a pergunta para ter certeza do resultado: "Com quem isso nunca aconteceu?" Dois levantaram a mão e eu os parabenizei, mas ambos esclareceram: "É que nós ainda não abrimos nossa empresa!" Em outras oportunidades refiz a pergunta e o resultado foi sempre o mesmo: praticamente todo empreendedor já perdeu trabalho por não conseguir mandar um orçamento a tempo.

Além disso, muitos empreendedores — em menor escala — já tiveram algum tipo de problema por não terem feito um contrato por escrito ou por terem assinado contratos sem prestar muita atenção aos termos. Por isso, devemos dar toda importância a esses dois itens que podem tanto nos trazer ganhos, quanto gerar perdas. Para não errar nesses quesitos, considere os seguintes pontos:

> ***O cliente quase nunca tem razão.*** Em muitos casos o cliente não sabe ao certo o que está comprando/contratando e, quando isso não fica claro no momento do orçamento e da assinatura do contrato, diversos problemas podem ser gerados. Já

aconteceu conosco de um cliente ligar e pedir uma data para fotografar seu produto para um anúncio a ser publicado na revista X. Quando dissemos que, primeiramente, teríamos de enviar um orçamento, ele logo disse: "Não precisa, já comprei a página lá na editora. Agora é só vocês fotografarem e mandarem o anúncio pronto para eles, está pago!" Na verdade, o cliente havia comprado apenas o espaço na revista, achando que o valor pago incluía a foto de seu produto e a arte do anúncio. Esclareci que nós só produzíamos fotografia e que esse serviço não estava incluído no que ele havia acertado com a editora. Ele ficou uma fera e se sentiu lesado pela revista, achando até que nós estávamos tentando enganá-lo... É claro que a editora tinha feito um contrato de venda de espaço publicitário deixando bem claro que cabia ao cliente a produção e entrega do anúncio pronto até determinada data e, caso não fosse entregue, ele perderia o valor investido. Se nós não tivéssemos o cuidado de formalizar todas as contratações dos nossos serviços por meio de um orçamento detalhado, entraríamos nesse tremendo mal-entendido. A editora estaria coberta pelo contrato, mas, e nós? No final das contas, tudo foi esclarecido e nós acabamos fazendo um preço especial para ajudar o cliente a sair daquela situação. O bom de tudo é que a foto ficou linda, o anúncio deu um super-retorno e nós ganhamos um cliente! Isso aconteceu há uns oito anos, mas sempre me lembro do caso cada vez que dá aquela preguiça de formalizar um orçamento para um trabalho pequeno... A vontade de informar um valor pelo telefone passa rapidinho quando penso que o que vai dar trabalho mesmo é tentar remediar um possível problema mais tarde. Portanto, o passo número um é considerar que nem sempre o cliente entende o que está comprando/contratando e que a única maneira de não ter problemas de comunicação é deixar claros e formalizados todos os termos.

Tenha modelo(s) de contrato(s) predefinido(s). Dependendo do seu ramo de atuação, pode ser que haja um sindicato, uma entidade ou uma associação que forneça modelos de contratos, o que facilita bastante seu dia a dia. Prefira consultar instituições oficiais em vez de baixar um modelo qualquer da internet, ainda que "pareça" adequado. Também pode ser uma boa ideia contratar uma assessoria jurídica para desenvolver um contrato padrão exclusivo para o seu negócio. Quando você tem um contrato pronto, apenas para preencher dados variáveis, seu trabalho não só é simplificado, mas também fica muito mais ágil. Imagine quanto a imagem da sua empresa — ou a sua, como profissional — é valorizada quando um cliente lhe faz uma consulta e você já envia, em questão de segundos, todos os termos que envolvem a negociação? Vale a pena investir tempo em elaborar seu(s) modelo(s) de contrato(s), pois isso agiliza processos, passa credibilidade, evita ruídos na comunicação e protege seu negócio.

Um orçamento pode abrir ou fechar portas. Muitos empreendedores pecam não só em relação à demora no envio de um orçamento, mas também na sua forma de desenvolvimento e apresentação. Os erros mais comuns são:

- Elaborar um orçamento enorme, cheio de detalhes desnecessários, achando que isso vai ganhar o cliente ou justificar o preço do produto e/ou serviço;
- Usar termos técnicos demais, achando que o cliente vai valorizar o trabalho;
- Apresentar cálculos complicados para chegar ao valor final;

- Informalidade excessiva;
- Usar termos vagos, deixando margem para diversas interpretações;
- Não deixar claro o valor total;
- Não deixar clara a forma de pagamento.

Pare a leitura por um minuto e pense em como você age quando recebe um orçamento. Pensou? Então, vamos analisar.

Será que você gosta de receber um orçamento de três páginas, cheio de termos que não faz ideia do que sejam e repleto de contas e explicações como se fosse um manual do proprietário? Ou será que você passa as páginas, pula o blábláblá e vai direto à linha onde consta o valor e a forma de pagamento? Pois é, seu cliente não é diferente de você!

Dificilmente um cliente vai ler todo o orçamento antes de chegar à linha do valor. Checado o valor, ele busca a forma de pagamento para ver se cabe no seu bolso. Depois desses dois itens é que ele vai verificar o que você está cobrando, ou seja, o que está incluído naquele valor. Quando não descrevemos de forma clara e objetiva, corremos o risco de o cliente se desinteressar na hora e nem sequer dar um retorno. Já perdi as contas de quantas vezes fiquei frustrada ao mandar um orçamento (solicitado com urgência), mas passar dias sem nem ao menos receber um retorno. Com o passar do tempo fui avaliando que parte da culpa era minha mesmo, por mandar orçamentos tão chatos ou complicados! Fui aprendendo a apresentar da melhor forma possível para evitar a todo custo a perda de um trabalho, afinal de contas, não estamos em época de perder clientes.

É preciso considerar que se o cliente tiver de "fazer um curso" para entender o que é proposto, dificilmente a empresa será contratada. Por outro lado, se você for informal demais, vai passar a impressão de amadorismo. Mais uma vez o equilíbrio deve entrar em cena junto com a autocrítica. Depois de várias adequações, o tipo de orçamento que tem se mostrado objetivo e, ao mesmo tempo, completo é o que consegue ser resumido a uma página (salvo exceções) e que contém estes sete itens:

1. **Identificação.** Lembre-se de que o cliente provavelmente pediu orçamentos para mais de um fornecedor, por isso deixe bem clara a sua identificação. Neste item devem estar contidos: logomarca, telefone, e-mail e site da sua empresa. Coloque também o nome e o contato direto de quem elaborou o orçamento caso o cliente queira tirar alguma dúvida.

2. **Data e validade do orçamento.** Todo documento deve ser datado e o orçamento não deixa de ser um tipo de documento, portanto se estiver sem a data em que foi elaborado não estará completo. Lembre-se também de que você precisa definir uma data de validade para a proposta a fim de não correr o risco de um cliente aparecer com um orçamento do ano passado, exigindo que você mantenha as mesmas condições e valores hoje.

3. **Discriminação de produtos/serviços.** É hora de descrever de forma clara e objetiva os produtos e/ou serviços que fazem parte da sua proposta. Defina uma forma graficamente fácil de visualizar as quantidades e as descrições, e deixe os detalhes para o contrato, pois o orçamento pede objetividade.

4. **Valores.** Em certos tipos de negociação, como venda de produtos, é imprescindível apontar os valores unitários e os subtotais de cada item para assim se chegar ao valor total. Ter uma planilha com fórmulas predefinidas em Excel, por exemplo, pode facilitar muito. Não é preciso comprar

programas ou desenvolver um sistema exclusivo, a não ser que seu tipo de negócio demande. Não é uma boa ideia criar um campo "desconto" na sua planilha de orçamento, pois trabalhar com preços especiais deve ser exceção, e não regra. Em orçamentos de prestação de serviços deve-se ter mais cuidado ainda com descontos, pois é mais fácil que o cliente entenda o preço de um produto — que é tangível — do que o preço de um serviço — que é intangível. As pessoas entendem com mais facilidade, por exemplo, que duas calças não custam o preço de uma, mas fazê-las entender que limpar um sofá não é o mesmo que limpar um sofá, mais um tapete, mais um colchão é bem mais difícil... As pessoas sabem que, se uma calça custa cem reais, duas custarão duzentos e, na melhor das hipóteses, elas poderão obter um desconto ao levarem duas peças. Mas ninguém em sã consciência entra em uma loja e propõe que a cada peça comprada receba outra de brinde! Porém, no caso de serviços, propostas desse tipo acontecem com muita facilidade. Comparando com o exemplo da higienização de estofados, não é difícil que um cliente apareça com ideias do tipo: "mas você já vai estar na minha casa para limpar o sofá, já vai estar com a máquina e com os produtos, não custa nada aproveitar e limpar também o tapete." Além disso, sempre haverá aqueles que tentarão simplificar seu trabalho com frases como: "Ah, mas eu não posso pagar o preço cheio porque meu tapete nem está tão sujo assim. Não tenho criança, nem cachorro, você vai ver que ele é bem fácil de limpar. E nem chega a ser branco, é *off white*!" Nesses casos é melhor não dar muita margem de manobra para o cliente tendo uma tabela de preços. Quando houver a contratação de mais serviços, tenha também uma tabela predefinida com as porcentagens de descontos, assim você evita o desgaste com clientes que desvalorizam seu trabalho para economizar uns reais.

5. Forma de pagamento. Se você deixar esse item em aberto, cada cliente vai propor uma forma que seja ótima para si, mas nem sempre boa para você. Muitos empreendedores ficam receosos em estabelecer as formas de pagamento (e deixar claras as que não são aceitas) com medo de perder o cliente. Conversei com uma empreendedora que estava muito feliz por estar comemorando um ano de loja. A única coisa que ela lamentava era a pilha de cheques sem fundo que preferiu "esconder de si mesma" em uma gaveta. No curto período de doze meses, tinha uma coleção de cheques devolvidos de vários bancos, mas quando perguntei se ela já havia parado de aceitar cheques, me disse que "ainda não, para não afugentar os clientes". Veja como o medo às vezes nos cega! A melhor coisa que poderia acontecer para uma lojista que tem uma gaveta cheia de cheques "voadores" seria justamente tomar uma atitude para afugentar os clientes com intenção de dar cheques sem fundo! Deixe claras quais as formas de pagamento que você aceita: à vista (com ou sem desconto), parcelado em X vezes (com ou sem juros), somente com cartão de débito, débito e crédito, boleto bancário, depósito em conta etc. No caso de eventos, festas, palestras ou qualquer tipo de serviço que não possa ser devolvido, o ideal é receber 100% do valor antes da entrega. O mesmo vale para produtos como bolo de aniversário, pacotes de viagens, entre outros. Uma vez entregue, o cliente pode "dar trabalho" para pagar e você fica sem ter como recuperar o que foi feito. Em produtos ou serviços sob medida, também é bom cobrar um sinal, pois se o cliente desistir da encomenda, você não perde tanto. Não é errado pedir um sinal para se garantir, portanto não tenha vergonha de definir suas condições. Seja tão objetiva neste item quando nos anteriores, sem medo!

6. **Prazo.** Há certos tipos de negociações em que o prazo interfere no preço, portanto, quando você não estabelece prazos de entrega, seu orçamento não está completo e você deixará margem para o cliente interpretar como quiser (e cobrar a entrega para quando quiser). Defina tanto o prazo de entrega do seu produto e/ou serviço quanto o prazo de pagamento.

7. **Condições/observações.** Tenha um campo para anotações extras e esclarecimentos necessários, assim você inclui dados importantes sem "poluir" a área de descriminação dos produtos e/ou serviços.

Dica de ouro para conquistar um cliente.

A melhor forma de conquistar um cliente não é cobrando menos do que a concorrência, dando o desconto que ele pede, deixando-o livre para pagar quando e como quiser ou desmerecendo seu serviço só para agradá-lo. A dica de ouro é:

Seja um consultor do seu cliente antes de ser um vendedor do seu produto e/ou serviço. Já vimos que o cliente quase nunca tem razão e, muitas vezes, não sabe o que está contratando ou comprando, portanto cabe a você, antes de qualquer coisa, entender a necessidade dele e oferecer o produto e/ou serviço que melhor atenda a essa necessidade. Você vai prestar uma consultoria antes de qualquer coisa. Já foi o tempo de "tentar empurrar o mais caro" e de que um bom vendedor é aquele que fecha um negócio que só é vantajoso para si mesmo. Um bom negócio hoje é o que promove o ganha-ganha, por isso, oferecer ao cliente exatamente o que ele precisa, sem fazê-lo gastar mais do que deve, é a melhor forma de conquistá-lo.

Controles em geral

É certo que todo mundo gostaria de ter o máximo controle possível de seu negócio, mas nem todo mundo está disposto a ter a disciplina necessária para isso. Exercer controle sobre sua atividade não é difícil, o desafio fica por conta de estabelecer certa organização e perseverar em mantê-la. Para que você não se perca em meio às diversas atividades que vai exercer como empreendedora, vou listar alguns itens básicos que irão ajudá-la a manter o controle.

Agenda. Encontrar uma empreendedora de sucesso que não tenha total controle de sua agenda é mais difícil do que achar um unicórnio! Compromissos e tarefas precisam estar bem definidos para que não haja nenhum tropeço nem perda de tempo. Mas, além disso, você também deve ter o controle de outras datas, como renovação de serviços (registro de domínios de site, término de preços promocionais de serviços contratados etc.), renovação de seguros, férias de funcionários etc. Outra coisa importantíssima a se considerar são períodos de alta ou baixa no movimento devido a eventos, como feriados prolongados, Copa do Mundo, Olimpíadas, eleições, Natal, feiras do seu segmento de atuação etc. Não vai ser nada legal marcar suas férias bem na época em que haverá uma feira de negócios na sua cidade e você perder a oportunidade de dobrar seu faturamento. Vale a pena estar antenada em tudo e manter uma agenda bem completa e atualizada.

Arquivos em geral. Estabeleça um método de arquivar pedidos e orçamentos (concretizados ou não) para que você tenha sempre um bom parâmetro de como está o movimento do seu negócio. Seja físico ou digital, o sistema de arquivo deve ser o mais simplificado possível para que você encontre tudo o que precisar sem perder tempo. Em épocas de menor movimento, é bom tirar um tempo para retomar o contato com clientes ou pessoas que fizeram contato com você e sua empresa, mas não chegaram a concretizar um negócio; no entanto, fazer isso sem lembrar o histórico da negociação não é uma boa ideia. Já recebi ligações de empresas que nunca contratei (apenas fiz orçamento), mas a pessoa do outro lado da linha dizia que "estava na hora de fechar 'outra' parceria". Quando disse que não havia feito nenhuma parceria, ela insistiu que eu havia feito sim, mas talvez "tivesse esquecido". Aquilo me pareceu tão chato que decidi que jamais faria algo assim! Por isso, antes de entrar em contato com algum cliente, consulto seu histórico para ter fresco na memória o último trabalho realizado ou mesmo se nunca chegamos a fechar negócio. Assim, demonstro que sei com quem estou falando e não apenas atirando no escuro. Tenha também um arquivo com manuais de aparelhos e sua devida documentação, como termos de garantia e notas fiscais. Deixar para procurar esses documentos na hora em que um aparelho quebra e não ter a mínima ideia de onde está vai causar mais estresse ainda. Aprendi isso quando fui cobrir uma secretária que saiu de férias e confesso que achei um exagero ter uma pasta chamada "Fax" com todos os papéis do aparelho (sim, fax!). Mas quando o aparelho deu pane e queriam cobrar uma nota para arrumar, achar o termo de garantia foi quase como encontrar um bilhete premiado! Arquive também os currículos recebidos para facilitar o momento de contratar alguém. Enfim, tudo o que você considera que possa precisar um dia não deve simplesmente ir para o fundo de uma gaveta, mas sim para um arquivo organizado e de fácil manuseio.

Estoque. Esse item deve ser controlado com muito rigor, pois perceber a falta de um produto no momento em que um cliente pede é de matar! O mesmo serve para o estoque de matérias-primas e todo tipo de material. Se na sua situação atual (ou no seu tipo de negócio) não é possível informatizar ou automatizar o estoque, procure estabelecer alguma forma de exercer um controle de maneira que não seja pega de surpresa. Na minha lojinha virtual, por exemplo, por ser um micronegócio — que funciona mais para atender ao desejo das leitoras que querem um livro autografado do que para obter lucro —, tenho de enxugar os custos ao máximo, por isso, ter um programa de controle não é viável. Manter um estoque alto também não convém, pois além da falta de espaço, o giro é baixo. A solução foi simples: reservo uma estante do escritório para dispor cada título em uma prateleira e organizo os livros de forma visível, agrupados em fileiras de vinte unidades. Quando bato o olho na prateleira do *Bolsa blindada 2*, por exemplo, e vejo seis fileiras, sei que tenho 120 exemplares. Você deve analisar a dinâmica do seu negócio e pesquisar ou criar formas de estabelecer seu estoque, conforme seu espaço, e de exercer controle sobre ele. Muitas vezes, vale mais experimentar na prática do que buscar o que dizem ser "o mais correto". Lembre-se de que seu negócio é único e que, em algumas situações, você também vai desenvolver métodos únicos (e quem sabe inspirar outras empreendedoras a experimentarem seus métodos?).

Contas. Veremos mais sobre as contas no próximo capítulo, no qual falaremos exclusivamente sobre finanças, mas basicamente você deve ter pastas individuais organizadas por conta. Organizar por mês não é uma boa, pois quando você precisa consultar uma conta geralmente é pela despesa em si e não pelo mês de pagamento. É melhor ter, por exemplo, uma pasta para as contas de telefone, outra para as de energia, outra para o aluguel etc., do que ter pastas de janeiro a dezembro com todas as contas misturadas.

Compras. Além de ter controle sobre o estoque de materiais, produtos de limpeza, entre outros, descobri que definir "prazos" de compra para determinados itens faz uma tremenda economia. Em determinada época, percebi que gastávamos muito com café. Tínhamos uma máquina em contrato de comodato e pagávamos um valor mensal correspondente a certa quantidade de sachês de café. Porém, a quantidade entregue — que deveria ser suficiente para atender à demanda do mês todo — não dava nem para duas semanas. Quando os funcionários viam os porta-sachês cheios, exageravam na dose! Ao ver que o café estava acabando, eu fazia um pedido extra, tendo uma despesa maior do que a prevista. Como não queríamos passar a "racionar" o café, estabeleci a seguinte norma: o café será reposto no primeiro dia de cada mês (que era quando recebíamos o lote normal de sachês). Vendo que, ao terminar o café eu não fiz outro pedido (e passamos quase quinze dias tomando "café de coador"), os próprios funcionários começaram a adequar a quantidade de café que ingeriam e deixamos de gastar além do necessário! Sei que pode parecer uma medida punitiva, mas nunca proibimos nenhum colaborador de desfrutar de nada e todas as coisas sempre estiveram à disposição de todos, mas daí a ter gente tomando mais de dez cafés por dia já estava virando desperdício. Passei a fazer o mesmo com outros materiais e até com produtos de limpeza. Eu costumava comprar produtos em embalagens maiores por serem mais baratos, mas ao ver a "fartura", o pessoal acabava desperdiçando. Continuei comprando as embalagens grandes, mas deixava-as estocadas e colocava os materiais de uso em recipientes menores. Isso diminuiu meus gastos em incríveis 20%, por isso, recomendo parcimônia na definição das datas de compra e reposição de produtos.

Fornecedores. Mantenha uma lista em ordem alfabética, por segmento ou tipo de fornecedor. Procure estabelecer a melhor forma de ter sempre à mão o contato de fornecedores, colaboradores e parceiros de trabalho. Também é uma boa ideia classificá-los por competência, preço, qualidade. Considere, inclusive, arquivar maus fornecedores e classificá-los com uma pontuação baixa, assim você não cai no erro de chamar um profissional ruim por esquecer que ele não a atendeu bem no passado. Como hoje o Google acaba sendo nossa fonte de pesquisa para quase tudo na vida, crie pastas ou abas no seu navegador e vá arquivando seus favoritos para facilitar ainda mais as buscas.

Clientes. Cadastrar seus clientes é primordial. Se você não conhecer seus clientes ou não souber onde encontrá-los estará perdendo dinheiro. É preciso desenvolver um arquivo o mais completo possível sobre cada um deles. Se você tem um negócio de varejo, por exemplo, com alta rotatividade de clientes, procure criar algum incentivo para fazê-los preencher uma ficha cadastral, obter seu e-mail, telefone ou algum dado que possa facilitar seu contato com ele futuramente. Lembro-me de uma loja de sapatos que fez uma ficha minha e arquivou em "tamanhos especiais", pois calço 33 e não é muito fácil encontrar sapatos. A gerente também anotava os sapatos que eu comprava para ter uma ideia do meu gosto e era muito bacana receber uma ligação da vendedora dizendo: "Chegou aquele tipo de sapatilha que você gosta e têm vários modelos do seu tamanho, quer que mande algumas fotos para você?" Atendimento personalizado não é mais coisa de lojas de grife. Todo cliente quer se sentir especial, e se você mostrar a ele que o considera especial a ponto de ter um arquivo com seu tamanho, gostos e preferências, certamente vai cativá-lo. Aproveite essa ficha do cliente para anotar outros dados igualmente importantes como seu *ticket*, ou seja, quanto ele costuma gastar a cada compra. Você pode, inclusive, ter um arquivo separado para os clientes com *ticket* acima da média (veremos mais sobre esse assunto no próximo capítulo) e oferecer a eles vantagens extras por serem clientes que investem mais no seu negócio.

Ter um arquivo organizado não é ter TOC ou ser neurótica — como já me classificaram —, mas sim ter o controle do seu negócio e torná-lo mais eficiente e lucrativo.

Adote o Processo de Melhoria Contínua — PMC

Por mais que sua empresa seja microscópica será excelente saber o que é esse tal de Processo de Melhoria Contínua (PMC) e implementá-lo no seu negócio (e na sua vida). Trata-se de ter em mente que tudo precisa estar em um processo de constante melhoria e que nunca chegaremos ao ponto de dizer: melhor que isso impossível! Faço isso constantemente em todas as minhas áreas de atuação, seja escrevendo, administrando nosso estúdio fotográfico, na TV, na rádio, nas palestras. Quando termino um *post* do blog, por exemplo, releio parágrafo por parágrafo para ver se tem algum erro. Depois faço uma releitura para ver se posso trocar alguma palavra para ficar mais claro ou mais objetivo. Em seguida, faço uma leitura corrida (sem parar para fazer acertos) e vejo se o texto está fluindo ou se "emperra" em algum ponto. Por fim, verifico se dá para enriquecê-lo com uma foto ou com um *link* complementar. Depois desse processo todo, sempre achando que dá para melhorar, publico o texto.

Mas há que se tomar um cuidado com o PMC, pois ele serve para que você atue cada vez melhor, e não para travar processos em busca da perfeição. No caso dos textos, por exemplo, determinei que nenhum *post* para o blog pode me tomar mais do que sessenta minutos. Então eu tenho de encaixar todas as etapas de construção do texto dentro desse tempo para não ficar procurando "pelo em ovo" e acabar não publicando nada por achar que ainda não cheguei lá!

Veja o exemplo da Apple. A empresa lançou o primeiro iPhone já tendo um projeto para melhorar a versão seguinte, e é assim até hoje. Cada versão supera a anterior, sem que eles fiquem perdendo tempo — e deixando de vender — buscando o celular perfeito. Algumas empreendedoras chegam a ser tão perfeccionistas que demoram demais para finalizar suas produções e o cliente acaba perdendo a paciência — e elas, perdendo dinheiro. Devemos ter em mente que o processo é de melhoria contínua, e que continuidade requer movimento. Trata-se de fazer seu melhor hoje e buscar a superação amanhã, alegrando-se ao ver que seus produtos e/ou serviços atuais são melhores que os primeiros (e não morrendo de vergonha deles!). Vivermos descontentes e insatisfeitas achando que "deveríamos ter tido essa ideia antes" não é buscar o melhor, mas buscar o problema. Não problematize; se hoje você teve uma ideia melhor do que a de ontem, comemore!

~ Capítulo 14 ~

DEPARTAMENTO FINANCEIRO: O CORAÇÃO DO NEGÓCIO

Quase posso ouvir seu pensamento neste instante: "departamento financeiro, Patricia? Meu negócio ainda não me permite contratar pessoas e criar um departamento. E agora?" Bem, nesse caso, assim como eu, você será o seu departamento financeiro!

No passado, tínhamos funcionários registrados em carteira, mas os tempos mudaram e hoje trabalhamos com terceirização, pois no nosso modelo de negócio é o único meio de as nossas contas fecharem. Mas mesmo nos tempos em que tínhamos vários funcionários, nunca passei aos cuidados de nenhum deles o meu "departamento financeiro". Particularmente creio no ditado que diz que "o olho do dono é o que engorda o gado", por isso sempre fiz questão de acompanhar as contas de perto. O sistema que uso para organizar as finanças é tão simples que, mesmo tendo diversas atividades, consigo administrar sozinha.

Tenho visto empreendedoras que sonham em crescer e delegar essa tarefa a outras pessoas e, quando isso acontece, geralmente as coisas começam a decair. Não estou dizendo que jamais haverá um funcionário capaz de fazer isso por você de uma forma bem feita, mas sim que, se você não cuidar das suas finanças de perto, estará negligenciando o coração do seu negócio. Imagine que o dinheiro é o sangue da sua empresa, o que a faz manter-se viva, e que o coração é o responsável por bombear esse sangue de forma que ele chegue ao corpo todo. Assim, não basta se matar de trabalhar para não faltar sangue, mas é preciso cuidar da válvula que o envia a todos os lugares onde precisa chegar. Só quem já teve problemas nesse coração sabe o quanto é preciso cuidar dele! Você pode até ter uma pessoa que administre o dia a dia das suas finanças, organizando suas contas a pagar e receber, acompanhando o fluxo de caixa e o extrato bancário, mas **jamais deixe as decisões financeiras da sua empresa na mão de terceiros**. É disso que estou falando.

O erro de muitas empreendedoras tem sido focar em seu produto ou serviço, no atendimento, na divulgação, mas sem saber se isso está realmente trazendo lucro e se sua empresa vai manter as portas abertas no mês que vem. Geralmente, as crises financeiras são percebidas quando já é tarde demais, quando não há mais recursos para salvar o negócio e todos os esforços vão por água abaixo. Não é difícil encontrar empreendedores que um dia estavam "bem" e, no outro, encerraram suas atividades. A verdade é que eles achavam que estava tudo bem por estarem na ativa, vendo que havia movimento, clientes entrando e saindo, mercadoria que não parava nas prateleiras, pedidos que nem davam conta de atender, e por aí vai. Mas a questão não é apenas trabalhar, mas sim ver o resultado desse trabalho. Se você é aquela empreendedora que, há anos, só trabalha para pagar as contas, seus funcionários e seus impostos e não sobra nada, seu negócio não está saudável financeiramente. É certo que todo empreendimento precisa de tempo para começar a dar lucro, mas quando esse período de estabelecimento demora demais é porque sua empresa não está caminhando na direção certa.

A jornada de uma empreendedora está longe de ser um caminho plano e reto. Temos de enfrentar todo tipo de terreno e clima e quando estamos cansadas por ter acabado de escalar uma montanha, eis que lá de cima avistamos outra ainda maior! Só quem tem muita disposição se propõe a continuar, mas é preciso estar sempre avaliando a rota. Lembro-me da época em que a empresa — mesmo já tendo mais de quinze anos e aparentando estar bem — quase não estava dando lucro. Os encargos trabalhistas começaram a consumir muito do nosso faturamento, mas eu não queria abrir mão dos funcionários. Eu achava que o crescimento de uma empresa estava no número de pessoas que ela empregava e que diminuir esse quadro seria andar para trás. Porém, quando avaliamos as finanças vimos que o que os funcionários estavam produzindo não era suficiente nem sequer para cobrir o salário deles. Não por culpa deles, mas sim pela própria dinâmica do estúdio, pois tínhamos épocas de muito trabalho (e geralmente não dávamos conta de atender) e outras em que o trabalho desaparecia. Na época em que perdíamos trabalhos por não termos condição de atender à demanda, achávamos que deveríamos contratar mais gente, mas quando o trabalho escasseava, pagávamos as pessoas para ficarem ociosas. Pior: o que faturávamos nas épocas de vacas gordas não era o suficiente para cobrir a época de vacas magras. Aquela montanha-russa no nosso faturamento, com altas subidas seguidas de quedas drásticas, nos dava a ilusão de que uma coisa compensava a outra, mas analisando os números friamente, isso não era verdade.

 Depois de alguns meses nessa situação, tomamos a decisão de mudar o sistema de trabalho demitindo os funcionários e nos programando financeiramente para pagar as indenizações. A partir daí, começamos a passar trabalhos *freelance* para que os mesmos ex-funcionários realizassem em casa (ou onde quisessem). Eles ganhavam mais cobrando por trabalho e nós também saíamos no lucro, pois nos dias em que não havia trabalho, não arcávamos com nenhuma despesa, mas quando havia, pelos custos serem bem menores, todo mundo ganhava mais. A ideia deu tão certo que eles começaram a propor esse tipo de parceria com outros estúdios e, trabalhando em casa, às vezes durante menos horas, ganhavam mais. Eles entenderam que não fazia sentido ficarem sentados na frente do computador da empresa sem fazer nada, mas recebendo no final do mês, e aprenderam a ser seus próprios chefes, dependendo de si mesmos e de seu trabalho. Foi um mal que se transformou em bem. O modelo do emprego tradicional no nosso caso nos fazia perder dinheiro e, se tivéssemos teimado em levar adiante, achando que daria certo em algum momento, teríamos fechado anos atrás. Essa decisão só pode ser tomada porque nós não delegamos o cuidado do nosso financeiro a ninguém. Monitoramos tudo o tempo todo e, quando um problema começa a despontar, temos tempo e espaço de manobra para não permitir que ele comprometa nosso negócio. Às vezes perdemos, é verdade, mas não a ponto de colocar em risco o que construímos com tanto sacrifício. Mas é preciso acrescentar algo importante: não estou dizendo que a CLT acabará com seu negócio! Apenas estou alertando para que entenda que nem tudo o que funciona para algumas empresas funciona para a sua. Não existe apenas uma forma de gerar trabalho e renda para a sociedade e, por isso, você deve entender o que é melhor para a dinâmica do seu negócio e quanto isso vai impactar nas suas finanças. O coração de um bebê pode ser bem pequeno, mas tem o tamanho suficiente para bombear sangue para todo corpo. À medida que ele cresce, seu coração também cresce e continua a dar conta de sua tarefa. Tudo é uma questão de manter um crescimento proporcional. Se você cresce apenas no corpo e esquece o coração, o sangue não vai chegar a todas as partes e sua empresa vai ficar doente.

Isso também se refere a outras questões, como o aluguel, por exemplo. Muitos empreendedores estão vendo boa parte de seu faturamento sendo direcionada apenas para pagar um aluguel caro, em um endereço do qual não querem abrir mão. Mas se o coração não está bombeando sangue suficiente, é hora de reavaliar. Aquilo que desequilibra as contas da empresa não deve permanecer no seu negócio e o quanto antes você tomar a decisão certa, melhor. Nem sempre um passo para trás é algo ruim. Quando um artista está pintando um quadro, ele tem de ficar bem próximo, no máximo manter a distância de um braço, para que o pincel alcance a tela. Mas, de tempos em tempos, ele tem de se afastar para ter uma visão geral da obra e fazer os ajustes necessários. E é isso que a arte do empreendedorismo pede: que você pare, dê um passinho atrás e analise periodicamente o panorama do seu negócio. Cortar custos, reavaliar despesas, repensar a forma de fazer as coisas são situações que sempre devem estar na mente de uma boa empreendedora, e tudo isso passa pelo departamento financeiro, aquele do qual você deve ser a chefe.

Neste capítulo, você vai saber como exercer controle sobre as finanças de uma forma prática e fácil. Aliás, é tão fácil, que algumas pessoas acham difícil de acreditar que funciona. Mas funciona! Antes de dar início ao seu departamento financeiro na prática, anote esta frase para nunca mais esquecer:

> *O dinheiro é o sangue, o departamento financeiro é o coração, mas uma empresa deve ser dirigida com a cabeça.*

Quando você não demite um mau funcionário por pena, quando insiste em manter coisas que não pode pagar por estar apegada a elas e quando tenta impor um padrão incompatível para tentar viver um sonho, você está colocando o coração acima da cabeça. Uma empresa se dirige com a cabeça, e não com o coração. Ser uma mulher empreendedora muitas vezes é ser movida por uma paixão muito grande pelo que se faz, mas não podemos administrar nosso negócio com o coração. Tomar decisões financeiras nem sempre é fácil, mas só as pessoas que aprendem a passar por cima das emoções e administrar com a razão é que conseguem realizar sonhos.

Como começar seu "departamento financeiro"

A seguir, listo alguns itens de que você vai precisar para dar início ao seu departamento financeiro.

- Pastas suspensas — se você não tem um armário com gavetas para esse tipo de pasta, opte por um organizador. Organizadores são baratos e você encontra em papelarias. Essas pastas costumam vir com os visores e as ferragens para organizar documentos;

- Envelopes plásticos para pastas suspensas (já vêm perfurados para encaixar nas ferragens);

- Pastas com elástico;

- Etiquetas comuns;

- Pasta sanfonada;

- Calculadora simples;

- Computador;

- Impressora.

Com esses materiais você vai começar a organizar seu departamento financeiro tanto na parte dos arquivos físicos quanto no controle digital. A organização física é muito simples, mas não deve ser negligenciada para não comprometer seu tempo cada vez que tiver de encontrar uma conta e nem deixar de honrar um compromisso por falta de organização.

Planilha bancária

A ferramenta central do seu departamento financeiro é o que chamo de "bancária". Mas para começar a usar a sua, você precisa entender não só como criá-la, mas também considerar sua importância. Para não cair em um dos erros mais comuns que os empreendedores cometem, você não deve misturar as contas pessoais com as da empresa. Por isso, você precisa ter uma conta exclusiva para gerenciar as despesas do seu negócio, mesmo que você ainda não tenha um CNPJ e não possa abrir uma conta como pessoa jurídica. A questão aqui não é o tipo de conta, mas sim ter uma conta somente para a empresa. E mesmo que você tenha um micronegócio e receba seus pagamentos em dinheiro, é aconselhável que seu movimento passe por um banco. Ainda que você comece como microempreendedora e em caráter informal, você precisará buscar a formalização em algum momento. Ter uma conta em banco, manter um saldo médio e aprender a lidar com *internet banking* — ainda que com pequenas quantias — vai prepará-la para crescer de forma saudável. Viver à margem das coisas pode até botar comida na sua mesa, mas não vai colaborar para seu crescimento.

Dito isso, você vai criar um arquivo no seu computador — eu uso o Excel — para acompanhar o movimento da sua conta bancária. A esse arquivo dou o nome de bancária. Minha bancária é tão simples que parece brincadeira de criança, mas como eu disse, ela funciona! A bancária serve para que eu possa programar o movimento da minha conta, como se fosse um extrato bancário contemplando passado, presente e futuro. Nela eu lanço as contas a pagar e a receber e, dessa forma, posso antever o fluxo de caixa. É simples: imagine que hoje seja dia 20 de setembro e que você esteja começando agora a implantar sua bancária. Você vai lançar no seu arquivo o movimento retroativo (do dia 1º ao dia 19), tal qual consta no seu extrato bancário. Se você utilizar o *internet banking* poderá controlar muito mais facilmente sua conta (faço isso diariamente), por isso, informe-se, pois é mais fácil do que você imagina e é bastante seguro. Depois de lançar o retroativo até a data atual, você vai reunir todas as suas contas a pagar e receber e projetar os lançamentos futuros, do dia vinte em diante. Veja o exemplo na figura a seguir.

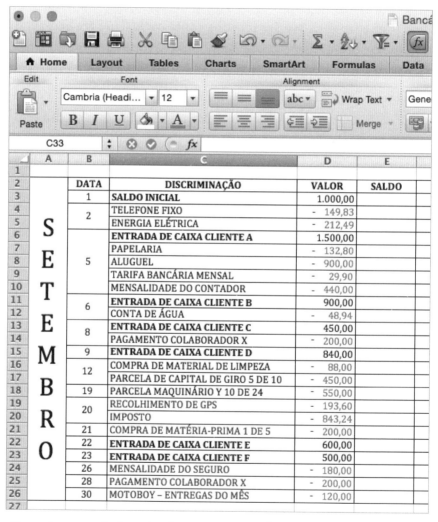

O uso das cores ajuda muito durante uma visualização rápida: aqui não temos o recurso de cores, mas no meu arquivo uso os valores a pagar em vermelho e os valores a receber em preto.

Na coluna **SALDO**, vamos colocar uma fórmula que calculará o movimento automaticamente. Por exemplo, na célula E3, da figura a seguir, vamos colocar uma fórmula que vai apenas copiar o "saldo inicial", que está na célula D3 para a coluna **SALDO**. Para essa fórmula, digite =(D3) e tecle "enter".

Ao teclar "enter" aparecerá o resultado da fórmula, conforme a próxima figura.

Para atualizar automaticamente o saldo, você vai colocar esta fórmula na célula E4:

= (E3+D4) e teclar "enter".

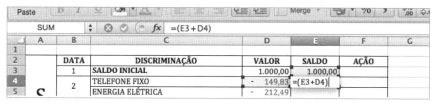

Novamente ao teclar "enter" aparecerá o resultado da fórmula, conforme a figura seguinte.

Para replicar o cálculo automaticamente para todos os lançamentos, basta copiar a fórmula: vá à célula E4 e aperte as teclas "Control" e "C" juntas. Depois selecione as células E5 a E26.

		DATA	DISCRIMINAÇÃO	VALOR	SALDO	AÇÃO
		1	SALDO INICIAL	1.000,00	1.000,00	
		2	TELEFONE FIXO	- 149,83	850,17	
	S		ENERGIA ELÉTRICA	- 212,49	637,68	
			ENTRADA DE CAIXA CLIENTE A	1.500,00	2.137,68	
	E		PAPELARIA	- 132,80	2.004,88	
		5	ALUGUEL	- 900,00	1.104,88	
			TARIFA BANCÁRIA MENSAL	- 29,90	1.074,98	
	T		MENSALIDADE DO CONTADOR	- 440,00	634,98	
		6	ENTRADA DE CAIXA CLIENTE B	900,00	1.534,98	
			CONTA DE ÁGUA	- 48,94	1.486,04	
	E	8	ENTRADA DE CAIXA CLIENTE C	450,00	1.936,04	
			PAGAMENTO COLABORADOR X	- 200,00	1.736,04	
	M	9	ENTRADA DE CAIXA CLIENTE D	840,00	2.576,04	
		12	COMPRA DE MATERIAL DE LIMPEZA	- 88,00	2.488,04	
			PARCELA DE CAPITAL DE GIRO 5 DE 10	- 450,00	2.038,04	
	B	19	PARCELA MAQUINÁRIO Y 10 DE 24	- 550,00	1.488,04	
		20	RECOLHIMENTO DE GPS	- 193,60	1.294,44	
	R		IMPOSTO	- 843,24	451,20	
		21	COMPRA DE MATÉRIA-PRIMA 1 DE 5	- 200,00	251,20	
	O	22	ENTRADA DE CAIXA CLIENTE E	600,00	851,20	
		23	ENTRADA DE CAIXA CLIENTE F	500,00	1.351,20	
		26	MENSALIDADE DO SEGURO	- 180,00	1.171,20	
		28	PAGAMENTO COLABORADOR X	- 200,00	971,20	
		30	MOTOBOY - ENTREGAS DO MÊS	- 120,00	851,20	

Para aplicar a fórmula, aperte as teclas "Control" e "V" juntas e automaticamente o cálculo será feito.

Quando você inclui ou exclui uma linha, a fórmula perderá a referência (pois ela se baseia na linha anterior), mas para recalcular basta fazer o mesmo: "Control" e "C" na última célula que tenha a fórmula, selecionar as linhas seguintes, depois "Control" e "V".

Na coluna AÇÃO você vai anotar a providência que já tomou (anoto em azul) ou que deve ser tomada (anoto em vermelho). O "OK" (mostrado na próxima figura) serve para você saber que, até aquela célula, a sua bancária está batendo com o extrato do banco. Até ali é o que realmente já aconteceu na sua conta e, dali em diante, é o que você já está prevendo. Como pago todas as contas on-line, assim que elas chegam, eu lanço na bancária e entro no site do banco para programar o pagamento. Depois de programar a conta, anoto "agendada" na minha bancária para saber que já tomei essa providência. Quando emito uma nota fiscal para um cliente, lanço a entrada de receita e anoto "faturado" ao lado, assim já sei que a nota foi enviada e basta apenas monitorar o pagamento na data de vencimento. Quando ainda não recebi o boleto de uma conta a pagar, como no exemplo "Mensalidade do Seguro" (vide dia 26 da figura a seguir), anoto "agendar", pois se chegar o dia e eu não tiver recebido o boleto, tento fazer o *download* on-line ou pedir o código de barras para não deixar de pagar. E quando tenho de pagar de outra forma, como nos exemplos "Pagamento do Colaborador X" e "Motoboy" (vide dias 28 e 30) anoto a ação que devo fazer. Dessa forma, estou sempre a par das finanças, bastando uma visualização rápida.

	DATA	DISCRIMINAÇÃO	VALOR	SALDO	AÇÃO
S E T E M B R O	1	SALDO INICIAL	1.000,00	1.000,00	
	2	TELEFONE FIXO	- 149,83	850,17	
		ENERGIA ELÉTRICA	- 212,49	637,68	
		ENTRADA DE CAIXA CLIENTE A	1.500,00	2.137,68	
		PAPELARIA	- 132,80	2.004,88	
	5	ALUGUEL	- 900,00	1.104,88	
		TARIFA BANCÁRIA MENSAL	- 29,90	1.074,98	
		MENSALIDADE DO CONTADOR	- 440,00	634,98	
	6	ENTRADA DE CAIXA CLIENTE B	900,00	1.534,98	
		CONTA DE ÁGUA	- 48,94	1.486,04	
	8	ENTRADA DE CAIXA CLIENTE C	450,00	1.936,04	
		PAGAMENTO COLABORADOR X	- 200,00	1.736,04	
	9	ENTRADA DE CAIXA CLIENTE D	840,00	2.576,04	
	12	COMPRA DE MATERIAL DE LIMPEZA	- 88,00	2.488,04	
		PARCELA DE CAPITAL DE GIRO 5 DE 10	- 450,00	2.038,04	OK
	19	PARCELA MAQUINÁRIO Y 10 DE 24	- 550,00	1.488,04	AGENDADA
	20	RECOLHIMENTO DE GPS	- 193,60	1.294,44	AGENDADA
		IMPOSTO	- 843,24	451,20	AGENDADA
	21	COMPRA DE MATÉRIA-PRIMA 1 DE 5	- 200,00	251,20	AGENDADA
	22	ENTRADA DE CAIXA CLIENTE E	600,00	851,20	FATURADO
	23	ENTRADA DE CAIXA CLIENTE F	500,00	1.351,20	FATURADO
	26	MENSALIDADE DO SEGURO	- 180,00	1.171,20	AGENDAR
	28	PAGAMENTO COLABORADOR X	- 200,00	971,20	DEPOSITAR
	30	MOTOBOY - ENTREGAS DO MÊS	- 120,00	851,20	DEPOSITAR

É claro que esse é um exemplo de como eu me organizo e talvez não esteja de acordo com seu estilo, mas a ideia é mostrar que controlar suas finanças de uma forma simples é possível e que não há necessidade de baixar aplicativos, programas complicados, nem fazer muito malabarismo. Se você tem mais facilidade em desenvolver programas ou métodos, empregue o que mais se adaptar à sua realidade e ao tempo que dispõe para alimentá-lo. Lembre-se de que quanto mais frequente for seu controle, melhor; portanto, é importante escolher um processo que não tome muito do seu tempo.

Contas a pagar

Você viu como lançar suas contas a pagar na bancária, então agora chegamos à parte em que você deve criar um procedimento que faça com que nenhuma conta que chegue fique perdida na caixa do correio. O que eu tenho feito há muitos anos é também muito simples e funcional. Assim que recebo uma conta a pagar jamais coloco em uma gaveta ou qualquer lugar onde possa ser esquecida. Deixo sobre a mesa para lançar na bancária e programar o pagamento on-line. Não faço isso cada vez que chega uma conta, mas procuro não deixar passar mais do que dois dias, até porque não gosto de ficar com pendências sobre a mesa. Depois que programo o pagamento, coloco a conta em um arquivo temporário, que é a pasta sanfonada que você viu na lista de materiais. Arquivo pelo dia de vencimento, o que facilita bastante quando vou conferir o extrato bancário. Se a conta foi mesmo debitada e paga, retiro da pasta sanfonada e transfiro para o arquivo de pastas suspensas. Para não desperdiçar papel e tinta, não tenho o costume de imprimir os comprovantes de agendamento e nem de pagamento das contas. Esse procedimento não é necessário quando você usa o *internet banking*, pois todas as suas transações ficam registradas na sua conta e, se houver necessidade de comprovar algum pagamento, basta entrar no sistema e solicitar o comprovante. É menos papel para arquivar e uma tremenda economia de tinta de impressora que, diga-se de passagem, não é nada barata!

Por mais incrível que possa parecer, já ouvi vários casos em que empreendedores simplesmente não tinham o costume de checar a correspondência e acabavam deixando as contas vencerem. Esse é o típico problema de muitos empreendedores: se preocupam com o todo, mas pecam nos detalhes. Por isso, não negligencie pequenos hábitos da sua rotina que vão manter a ordem das coisas, ou seja, não subestime as microatividades.

Fluxo de caixa — como equilibrar as contas a pagar e a receber
Esse é o malabarismo nosso de cada dia: equilibrar as contas. Na teoria, é muito simples: gastar menos do que ganha! Mas, na prática, essa é uma das tarefas mais difíceis na vida de quem trabalha por conta própria. Você não sabe ao certo o dia que vai receber, mesmo que tenha previsto a entrada de uma venda ou o pagamento de um serviço, pois seu cliente pode simplesmente não pagar. Então tudo se complica. Porém, existem algumas formas de não sermos pegas de surpresa pelos percalços financeiros aos quais todas nós estamos expostas, e é sobre isso que vamos tratar agora. Você certamente vai passar por apertos financeiros durante sua trajetória empreendedora, e esse não chega a ser o maior dos seus problemas. O que não pode acontecer é que você seja surpreendida pelos problemas financeiros. Para evitar que isso aconteça, é prudente que você faça as bancárias futuras, prevendo todas as contas a pagar e a receber. Mesmo que você não tenha recebimentos programados para daqui a três meses, certamente você tem despesas, então procure preparar as planilhas bancárias dos próximos seis meses. Com isso você antevê as saídas de caixa e já tem uma ideia de quanto precisa faturar para pagar as contas. Quando você faz isso, tem tempo para criar alguma estratégia para sanar uma possível falta de caixa antes mesmo que ela aconteça.

Estar à frente do problema é uma grande vantagem, pois você ainda não está sob o efeito estressante que a falta de dinheiro causa e certamente poderá raciocinar melhor. O que mais ouço as pessoas dizerem é "estou com tantos problemas, que não sei nem por onde começar", mas quando vamos analisar friamente, nem chegam a ser tantos problemas assim. A questão é que, sob estresse, não conseguimos raciocinar adequadamente e tendemos a enxergar os problemas maiores do que eles realmente são. Veja algumas estratégias que você pode adotar para não deixar os problemas financeiros tomarem conta do seu negócio:

Análise periódica. Estar sempre de olho na sua bancária é o primeiro passo para prevenir problemas no seu caixa. Mas atente para o fato de que a bancária deve ser analisada, e não utilizada somente para lançar as contas a pagar e receber. Compare o mês atual com os anteriores e os futuros para saber como está a saúde financeira da sua empresa. Você está faturando mais, menos ou mantendo certo montante? Ou você percebe que está trabalhando mais, porém ganhando menos? São essas perguntas que vão lhe dar um norte sobre o que fazer. Por exemplo, se você está trabalhando mais e faturando menos, não será por que tudo aumentou, mas seus preços, não? Será que não é hora de rever seus fornecedores e buscar melhores preços e condições? Quanto mais longe você enxergar, mais tempo terá para buscar respostas e resolver os problemas antes que eles cresçam.

Corte/diminuição de custos e despesas. Essa é uma ação que precisa estar presente em todos os momentos da vida de quem empreende. Todas as grandes empresas têm departamentos cuja função é estudar maneiras de baixar os custos e as despesas, bem como encontrar meios de cortar gastos sempre que possível. A tecnologia pode ser uma aliada, pois a todo o momento surgem programas, aplicativos e outros recursos que nos permitem, por meio de alguns ajustes em nossa rotina, economizar um bom dinheiro. É preciso que você esteja ligada em tudo que pode ser implementado no seu negócio para reduzir ou evitar despesas.

Promoções ou vantagens. Quando você perceber que seu caixa vai baixar, pode criar algumas promoções ou oferecer vantagens a seus clientes para aumentar seu faturamento ou antecipar recebimentos. Desde uma simples medida como dar 10% de desconto à vista para aumentar seu caixa de forma rápida, até oferecer algum benefício para aumentar o *ticket* médio das suas vendas (mais adiante falaremos sobre esse assunto). Talvez seu estoque esteja repleto de artigos de coleções passadas, por exemplo, e que acabam ficando esquecidos por estarem longe da vitrine. Fazendo uma liquidação bem pensada, com um tema e uma justificativa, você poderá obter mais receita para seu caixa.

Antecipação de recebíveis. Em algumas situações o banco pode ser um bom parceiro para o negócio. É possível que, dependendo da situação, o banco lhe ofereça vantagens que trarão um pouco de fôlego ao seu empreendimento. Se você recebe cheques pré-datados, faz vendas por cartão de crédito ou emite boletos bancários, pode antecipar o recebimento de suas vendas. Às vezes compensa mais pagar uma taxa de 8%, por exemplo, para adiantar um recebimento, do que vender para o cliente à vista com 20% de desconto. A informação é algo muito importante para uma empreendedora e a maioria sabe e busca isso, mas onde muita gente erra é em não atualizar essas informações. Você pode estar considerando hoje as regras da economia do ano retrasado, sem se dar conta de que ela é orgânica e que pode oscilar bastante, ainda mais no Brasil. Por isso, procure ter um bom relacionamento com o gerente do seu banco para estar sempre por dentro dos produtos que ele pode oferecer e que tragam algum benefício para seu negócio.

Solicitação de capital de giro. Essa pode ser uma forma de levantar dinheiro quando necessário. Às vezes tudo o que o seu caixa precisa é de uma injeção de crédito para poder respirar mais aliviado e você poder crescer. As taxas variam muito, mas é bom você saber como está sua avaliação no banco, pois isso influencia muito na hora de contrair qualquer tipo de financiamento. Por isso mencionei anteriormente que todo o seu fluxo deve passar por um banco, pois se você "não existir" para o sistema bancário, terá mais dificuldades para recorrer a esse tipo de ajuda.

Estabelecimento de parcerias. Quando seus custos e despesas estão muito altos a ponto de poder prejudicar o negócio, que tal buscar parcerias para unir forças e dividir despesas? Sou mais adepta às parcerias que às sociedades, por isso, sempre aconselho as pessoas a estarem abertas a parceiros. Se seu aluguel está alto demais, por que não dividir um espaço com alguém que esteja passando pelo mesmo problema? Ou quem sabe buscar um local de *coworking* e dar um fôlego ao seu caixa? Unir-se a outros empreendedores para baixar custos nos processos de produção, importação ou mesmo compra de matérias-primas pode ser uma boa. Nessas horas é ótimo fazer parte de grupos de empreendedorismo, pois você terá acesso a pessoas que podem estar no mesmo barco que você e, ao remarem juntas, poderão chegar mais longe.

Como precificar seu produto e/ou serviço

Muitos empreendedores têm dificuldade em precificar seus produtos, mas o que tenho visto é que essa dificuldade é ainda maior em relação aos serviços. Por isso, vamos tratar sobre os dois temas separadamente.

No caso dos produtos, para calcular o preço de venda você precisa, antes de tudo, saber o preço de custo. Quando se revendem produtos o cálculo é mais fácil, pois geralmente se acrescenta de 1,8 a 2,2 sobre o custo (mas isso não é uma regra, apenas um parâmetro). Ou seja, se você paga 10 reais em um produto irá revendê-lo entre 18 e 22 reais. Da diferença entre custo e venda, neste exemplo, de 8 a 12 reais, você deverá subtrair as despesas (transporte, embalagem, aluguel, internet, telefone etc.). Já quando se fabricam produtos, a conta é um pouquinho maior, pois devem ser somados todos os custos para a produção dos produtos e, depois, as despesas.

Se os serviços no Brasil são tão desvalorizados a culpa não é apenas do consumidor, mas também dos próprios prestadores. Muitas vezes, no afã de não perder um cliente, o empreendedor joga seus preços lá embaixo e acaba prostituindo o mercado. Se você é um prestador de serviços, primeiramente deve considerar que sempre haverá alguém cobrando mais barato, portanto, entrar em uma guerra de preços não é uma boa estratégia. Em vez disso, busque oferecer um diferencial, pois é isso que vai fidelizar o cliente. Levante o valor de suas despesas mensais e os custos implicados na prestação do serviço para compor sua tabela de preços. Se seu custo pode sofrer variações, procure colocá-las na conta do cliente, sem ter de elevar os preços da sua tabela. Por exemplo, se atender clientes em outra cidade vai aumentar seu custo, repasse a despesa separada desse custo. É mais fácil convencer um cliente que o preço subiu por uma despesa extra do que convencê-lo de que você está cobrando mais porque terá mais trabalho.

O fantasma de não saber cobrar

Deixei esse assunto para o final do tema das finanças não porque seja menos importante, mas sim porque merece um destaque digno de desfecho de capítulo!

Na nossa cultura pairam alguns conceitos totalmente furados a respeito de cobrança e que você deve banir da sua mente. Propositalmente batizei de "fantasma" essa questão de não saber cobrar, pois isso faz tanto sentido quanto acreditar que fantasmas existem. Vergonha de cobrar o que é seu? Medo de cobrar o que lhe é devido? Pergunte a si mesma: "quando sinto vergonha de cobrar, sinto vergonha do que exatamente? Quando sinto medo de cobrar, sinto medo do que exatamente? De que a pessoa me dê uma bronca? De que se ofenda? De que fique de mal para sempre?" Quem está devendo é que deve ter vergonha!

Muita gente justifica que não cobra seus devedores porque "não deveria ter de cobrar, ele é que deveria saber que tem de pagar". Quando você dá um comando para o cérebro dizendo que ele "não deveria" fazer alguma coisa, você o está programando para não fazer aquela coisa. Ora, se alguém está lhe devendo é certo que deveria pagá-la, mas uma vez que essa pessoa não paga, você deve cobrar sim, senhora! Existe uma expressão em latim que diz o seguinte: *Dormientibus non seccurrit jus*, traduzindo, o direito não socorre os que dormem.

Vou usar o exemplo da aposentadoria para você entender melhor. Quando uma pessoa chega à idade de se aposentar, um funcionário do INSS vai até a casa dela, em qualquer lugar do país, com todos os documentos prontos em mãos para que a pessoa apenas assine e, dessa forma, passe a receber automaticamente sua aposentadoria em uma conta bancária previamente aberta pelo governo. Quando o funcionário deixa a casa da pessoa ela já está devidamente aposentada e, após trinta dias, já receberá seu benefício na agência bancária mais próxima de sua residência. O que foi? Algum problema? Não é assim que funciona? Não mesmo! O que a pessoa tem de fazer ainda que tenha direito à aposentadoria? Ela tem de correr atrás de seus direitos, porque se ela ficar parada esperando esse funcionário que acabei de inventar vai morrer sem se aposentar (mesmo tendo direito a receber seus benefícios). Tudo isso porque o direito não socorre os que dormem. É assim que a coisa funciona. Se você ficar esperando que seus devedores batam à sua porta em um dia ensolarado e paguem o que lhe devem com juros e correção, vai ficar na espera. É seu direito, mas se você dormir no ponto vai ficar chupando o dedo.

Outro conceito furado é o "eu não sei cobrar". Se você sabe falar, se você sabe escrever, se você conhece alguma maneira de se comunicar, então você sabe cobrar! Inclusive dos amigos. Quando uma pessoa teve a infeliz ideia de me dizer que, "por sermos amigas eu não deveria cobrá-la", simplesmente respondi que, uma vez que ela se considera minha amiga deveria ser a primeira a me pagar, justamente para demonstrar o respeito que tem por mim e o quanto valoriza meu negócio.

Existem muitas maneiras de fazer cobrança e você precisa estabelecer um método, pois é certo que, em algum momento (vários, aliás) terá de fazê-lo. Dentro da sua documentação interna, você pode incluir um e-mail padrão de cobrança. Considere um e-mail de cobrança tão normal quanto qualquer outro. Cobrar faz parte das atividades de uma empresa, assim como encomendar matéria-prima ou pagar o aluguel. Nesse e-mail, em momento algum use a palavra "desculpe". Pedir desculpas a uma pessoa que lhe deve não faz o menor sentido!

É claro que não estou dizendo que todas as pessoas que ficam devendo o fazem por mal. Você mesma já deve ter atrasado alguma conta na vida e nem por isso é mau-caráter. Mas o ponto aqui é, sendo credora, você não pode se diminuir mais do que quando é devedora. Pense que talvez a pessoa possa ter esquecido, pode ter havido algum problema e ela é que esteja sem graça de procurar você. Por isso, é importante abrir um canal de comunicação para saber o que está acontecendo. Seja um e-mail, um telefonema ou qualquer outro meio, não deixe de se informar sobre o que houve para tentar até mesmo ajudar seu devedor.

Já cobrei uma pessoa que acabou elogiando a forma de cobrança e dizendo que passaria a copiar o método! Isso porque entrei em contato informando o débito e perguntando se poderia fazer alguma coisa para ajudar a resolver. O devedor disse que havia se enrolado nas contas, mas que podia me pagar um terço do valor naquele dia e o restante em duas parcelas mensais, para trinta e sessenta dias. Eu não tinha condição de estender tanto o prazo, então fiz uma contrapartida de receber em quatro parcelas semanais para que, ao final de trinta dias eu já tivesse recebido e ele se livrado da dívida. O valor ficou menor e ele conseguiu pagar. Não perdi o cliente e nem fui atormentada por uma assombração à noite. Cobrança nada mais é do que um processo de negociação. Se você não comprar essa ideia e não mudar seu pensamento será muito difícil convencer outras pessoas. O bom vendedor é aquele que acredita no seu produto, na sua ideia e no seu ponto de vista e, portanto, fala com convicção e passa segurança. Mais do que entender, você precisa incorporar essa nova visão na sua vida, caso contrário, poderá colocar seu negócio em risco.

~ Capítulo 15 ~

QUEM É O SEU CLIENTE?

Todas as pessoas que começam o próprio negócio, seja ele do tamanho que for, têm a meta de alcançar o maior número de clientes possível. Porém, é preciso que você entenda que nem todo mundo será seu cliente, por mais que seu produto ou serviço seja excelente. O grande desafio é saber identificar quem é seu cliente e, assim, colocar toda a sua força em ações que irão alcançá-lo. Se tem uma coisa que vai fazê-la perder tempo, dinheiro e até mesmo motivação é direcionar todos os seus esforços para o alvo errado.

Mas antes de saber quem é o cliente, você — mais do que ninguém — precisa saber o que é seu produto ou serviço. Quando digo isso, há quem logo pense, por exemplo: "Como assim? É claro que eu sei qual é o meu produto. Eu vendo xampu!"

O.K., você vende xampu, mas milhares de empresas também vendem, sendo que, muitas delas, com um nome já estabelecido no mercado, pessoas famosas fazendo propaganda e milhões de reais disponíveis para publicidade. Diante disso, eu pergunto novamente: o que é o seu produto? Se a resposta ainda for simplesmente xampu, provavelmente você será mais um rosto no meio da multidão.

Um produto ou serviço de sucesso é aquele que oferece solução para os problemas e as necessidades das pessoas. Se você não quer sair por aí pedindo "Compre meu xampu *para me ajudar*", precisa oferecer algo mais do que um líquido cheiroso para lavar o cabelo. Certamente você nunca viu uma propaganda de xampu trabalhando apenas com a ideia de que seus cabelos ficarão limpos. Embora seja esse o objetivo de qualquer xampu, o que a propaganda vende? Levante sua autoestima, conquiste seu amor, desperte admiração nas pessoas, cause inveja nas outras mulheres e, até mesmo, tenha uma carreira de sucesso. Tudo menos "tenha um cabelo limpo".

Em relação a serviços é a mesma coisa. Quando você vê, por exemplo, uma propaganda de seguro de veículo, o que está sendo oferecido? Quando seu carro quebrar é só chamar, e se seu carro for roubado lhe daremos dinheiro para comprar outro? Não, o que se vende é segurança, tranquilidade, paz.

É nisso que você precisa focar: o que meu produto ou serviço oferece? Qual é o problema ou a necessidade que ele atende? Achando essas respostas, ficará mais fácil encontrar seu cliente.

Conheci uma empreendedora muito criativa — que virou amiga — com um dom incrível de vender ideias e conceitos, muito mais que vender simplesmente produtos. Camila Colnago tem um estúdio de criação de produtos lúdicos — lembrancinhas, brindes e presentes — e uma das ideias que mais gostei em seu portfólio foram os Lápis Mágicos com Superpoderes. À primeira vista, pode parecer apenas uma embalagem com três lápis nº 2, com grafite comum, mas o que está sendo vendida é uma ideia muito interessante. Cada lápis é personalizado com uma frase que oferece uma ideia do que fazer com eles (que vai muito além do que simplesmente escrever):

"Para desenhar como um grande artista"
"Para escrever histórias com final feliz"
"Para fazer as contas mais mirabolantes"

Veja como os lápis são apresentados na loja virtual:

Lápis Mágicos com Superpoderes

Super-heróis você até pode ver por aí, mas só na Maria Lembrancinha você encontra lápis como estes!

Anotar datas de aniversário, escrever um bilhetinho para uma grande amiga, fazer os cálculos das compras para a festa ou redigir uma linda carta de amor são tarefas que ficam ainda mais especiais com os lápis mágicos com superpoderes, produto ideal para trazer um pouco de fantasia para o dia a dia.

Para ativar os superpoderes, basta começar a escrever, desenhar ou calcular, e será possível ver que as letras, as linhas e os números aparecerão como num passe de mágica!

Um simples jogo de lápis somado a uma ótima ideia oferece ajuda àquela mãe que deseja incentivar o filho a escrever uma redação, desenhar ou fazer contas. O conceito aqui é mostrar para a criança que ela pode fazer mágica usando os lápis. E qual criança nunca sonhou em fazer mágica?

Uma vez definido o conceito do seu produto, o que ele oferece e que necessidade atende, você conseguirá identificar seu público e direcionar suas forças para alcançá-lo. Apesar de a ideia dos lápis ser genial, nem todo mundo entende. As pessoas que não entendem o conceito acabam achando que 18 reais por três lápis é muito dinheiro, mas o público-alvo desse tipo de produto sabe que mágica não tem preço. Mudar o produto porque alguns acham caro iria descaracterizar toda a ideia, e tentar convencer um público que não entende será perda de tempo, de dinheiro e de energia. Por isso, tenha em mente que é preciso primeiro definir o produto e seu conceito para, depois, encontrar o público-alvo e focar sua divulgação nele.

Certa vez recebi uma crítica pelo blog de uma jovem universitária que havia lido meu primeiro livro, *Bolsa blindada*. Ela dizia que estava muito decepcionada com o conteúdo, pois não esperava que fosse um livro cheio de analogias do dia a dia para explicar os conceitos de economia que, na opinião dela, deveriam ser explicados com mais técnica. Para ela, economia não poderia ser tão simplificada daquele jeito, pois dava a impressão de ser uma coisa "para qualquer um". Ela acrescentou que contar minha história pessoal, de como perdi tudo e paguei milhares de reais em dívidas, fez o livro ficar com cara de autoajuda e, como universitária, ela esperava mais técnica do que experiências pessoais. Para encerrar, ela citou que esse negócio de "se eu pude, você pode" para ela não funcionava e que, o que ela queria poder era pedir seu dinheiro de volta! Quando terminei de ler fiquei muito feliz, pois ela descreveu o livro exatamente como eu queria que fosse: prático, sem teorias vazias, mostrando que economia é algo fácil e que está — sim, senhora — ao alcance de todos. O que acontece é que, apesar de ter comprado um dos meus livros, ela não faz parte do meu público, ou seja, não é minha cliente. Foi ela quem errou ao comprar um livro cuja capa diz "Dicas e passos práticos para tornar a sua vida financeira à prova de fracassos". Além do que, um trecho do texto da contracapa diz: "Em linguagem acessível, bem-humorada e repleto de histórias pessoais, o livro desmistifica o economês, mostrando como identificar os inimigos do orçamento doméstico." Ou seja, o livro tem uma proposta bem definida para um público bem definido. Alguém que deseja qualquer coisa diferente disso não é meu cliente.

É importante você se posicionar no mercado para não cair em um erro muito comum entre os empreendedores: começar a mudar o produto ou o serviço para tentar agradar a todo mundo. No afã de não perder clientes, muita gente acaba perdendo sua identidade e transformando o negócio em uma espécie de Frankenstein: um pedaço disso com um pouco daquilo, somado ao palpite deste e à crítica daquele e você já não sabe mais o que está oferecendo! Hoje em dia as pessoas acham que tudo deve se submeter aos seus desejos e, se algo não está do gosto delas, não presta. Você vê isso aos montes nas redes sociais, onde as pessoas usam o teclado como se fosse o martelo de um juiz. Mas se você for entrar nessa espiral de querer agradar todo mundo vai acabar tontinha... É certo que, ao longo do tempo, você terá de fazer adaptações, atualizar seu negócio, modernizá-lo e, de certa forma, acompanhar o mercado, mas faça isso com base nos desejos dos *seus* clientes, e não em meros palpites. Posso falar uma coisa? Olha que eu falo... Bom, já que insiste, lá vai! A maioria das pessoas que dá palpites no negócio de outras não tem a menor ideia do que está falando. Sabendo que você teve coragem de fazer o que elas não fizeram, essas pessoas têm uma necessidade tremenda de mostrar que não estão "por baixo" e de encher a sua cabeça de "conselhos". Pronto, falei!

O tom é de brincadeira, mas o assunto é sério, pois quanto mais em evidência você ficar, mais pessoas se acharão no direito de se meter nos seus negócios. Nas minhas primeiras semanas na TV, geralmente as pessoas me parabenizavam, mas com o passar dos meses, outras começaram a me "aconselhar", mesmo não sendo profissionais de televisão (e mesmo sem que eu tivesse pedido qualquer conselho). Se eu fosse dar ouvidos a tudo que me disseram, nem sei o que seria de mim!

"Você faz muita careta quando fala."
"Você tem pouca expressão, parece um robô."
"Quando você sorri sempre entorta a boca."
"Você fica muito séria, deveria sorrir mais."
"Chegou a hora de dar um jeito nessa ruga entre as sobrancelhas."

"Nunca invente de colocar botox para não ficar com cara de tamanco."
"Faça umas luzes e deixe o cabelo crescer. Morena de cabelo curto não faz sucesso."
"Se eu fosse você cortava um 'chanel' bem curtinho."
"Você está sempre com esse cabelo liso, muda um pouco."
"Nunca mais enrole o cabelo. Ficou horroroso."

Quando você se vir no meio de um tiroteio como esse, a atitude mais certa a ser tomada é: saia do meio do tiroteio! Não adianta tentar argumentar, explicar, rebater, brigar. A bala vem com a intenção de ferir e se você ficar dando bobeira, uma hora vai acabar sendo atingida.

Para que esse tipo de coisa não a alcance, você deve ter muito bem definido aquilo que quer oferecer. Se você chegou à conclusão, bem embasada, de que seu produto ou serviço é X e que vai suprir a necessidade Y, busque clientes que entendam sua proposta e trabalhe focada neles. Foco é uma coisa que toda empreendedora deve ter e jamais permitir que seus olhos se desviem dele.

Tem público para todo tipo de produto: caros, baratos, com qualidade, sem qualidade, que cumprem o que prometem, que não cumprem o que prometem (mas as pessoas compram assim mesmo), que tem utilidade, que não serve para nada, enfim: tudo se vende — de descascador de banana a avião supersônico —; portanto, o segredo está em saber quem compra o que, quem está interessado no que você tem a oferecer e quem é seu cliente.

Quando você descobre quem é seu cliente, além de trabalhar focada, vai saber como direcionar várias áreas importantes do seu negócio, como a comunicação visual, o tipo de linguagem mais apropriada, onde e como fazer sua divulgação etc.

Lembro-me de um cliente que nos contratou para fazer as fotos de seu catálogo de calças jeans. A primeira coisa que perguntei foi

Lugar de mulher é onde ela quiser

quem era o público da marca e ele me respondeu "público feminino". Acrescentei: "Mas que tipo de mulher?" E ele: "Como assim, que tipo? Mulher, ué... Qualquer uma. Toda mulher usa calça jeans!"

Sim, toda mulher usa calça jeans, mas nós somos muito diferentes umas das outras, e a única coisa que temos em comum é que nenhuma de nós gostaria de comprar algo que fosse "para qualquer uma". Ele só entendeu sobre o que eu estava falando quando, propositalmente, mostrei fotos de uma modelo de 1 metro e 80, manequim 36, com cara de "mulherão". Ao ver as fotos ele logo disse: "Não! Essa não dá! Eu quero uma com mais quadril, mais baixa, aparentando uns 16, 17 anos. Essa daí toda chique nem entraria na minha loja!" Com isso, já comecei a entender quem era a cliente dele: uma garota jovem, descolada, estudante e que gosta de um jeans mais despojado. Quando encontramos o perfil da cliente, pudemos pensar em como fazer as fotos, onde, qual o formato do catálogo etc. Esse exemplo ilustra bem que não existe certo e errado, mas sim o que é ou não adequado para o público que você quer atingir.

Conhecer seu público é o primeiro passo para ter um negócio bem-sucedido, por isso invista no posicionamento do seu produto e no reconhecimento sobre quem é seu cliente. Encontrando a identidade do seu negócio, você vai poder identificar seu cliente. Uma vez que você define seu cliente, deve criar um elo que o faça identificar-se com seu negócio. Esse é o nosso próximo assunto.

~ Capítulo 16 ~

CRIANDO UMA IDENTIDADE PARA O SEU NEGÓCIO

Mais uma vez é muito comum vermos empreendedores que focam no produto ou no serviço que oferecem, mas não investem em desenvolver uma identidade para seu negócio. Mesmo aqueles que conseguem desenvolver sua identidade geralmente têm dificuldade em comunicar claramente o que fazem e de usarem recursos multissensoriais que podem auxiliar nessa tarefa. Muitos acreditam que trabalhar na gestão de uma marca (*branding*) é algo reservado apenas às grandes empresas, mas esse pensamento não poderia estar mais equivocado! A diferença é que empresas médias e grandes tendem a ter mais visão de negócio e a aproveitar os recursos disponíveis de forma adequada, enquanto muitos micro e pequenos empreendedores pulam essa etapa achando que é coisa de gente grande.

Já vi diversas vezes em grupos de empreendedorismo pessoas solicitando indicação de "alguém que faça um logo bem baratinho" ou pedindo ideias para o nome que darão ao seu negócio. Pior que isso é ver as respostas dos outros empreendedores do grupo.

"Meu sobrinho fez meu logo no ano passado. Ele só tem 13 anos, mas entende tudo de computador e cobra bem baratinho!"

"Sempre gostei da palavra 'harmonia', por que você não batiza sua empresa com esse nome? Você vai trabalhar com o que mesmo?"

Fora aquelas ideias mirabolantes para logos que a gente vê por aí e que a pessoa começa a querer explicar o que a figura significa:

"Se você olhar de pertinho e prestar bastante atenção vai ver que são duas letras entrelaçadas representando as iniciais do meu nome e do meu marido: 'KH', percebeu? K de Kelly e H de Heitor; conseguiu ver, olha bem! KH!"

É por essas e outras que você vê uma porção de nomes "sem noção" e de imagens que não representam nada e que, portanto, são muito difíceis de entender. Aliás, como entender o que não tem sentido? Por isso, não deixe a comunicação do seu negócio na mão de qualquer pessoa só porque cobra baratinho. Você cortaria o cabelo em um salão qualquer só por que poderia pagar cinco reais? Você diria a um colorista para tingir seu cabelo de qualquer cor só por que é de graça? Não, você não faria isso mesmo sabendo que cabelo cresce e que, se não gostar da cor, pode mudar novamente. E você também não deixaria para decidir o nome do seu filho na fila do cartório, não é mesmo?

A comunicação da sua empresa é extremamente importante, assim como sua imagem pessoal. Como vimos anteriormente, se você for uma pessoa altamente competente, mas, de alguma forma, passar uma imagem de incompetência, o que vai falar mais alto é o que você parece e não necessariamente o que você é, e assim também será com seu negócio. Se sua empresa é séria, mas tem um nome ou um logo que comprometem essa seriedade, vai ser muito mais difícil ser levada a sério! Empreender nesse país já é uma tarefa complicada o bastante, por isso, não precisamos de nada que dificulte ainda mais. Negligenciar o estabelecimento de uma comunicação coerente é jogar contra o próprio trabalho.

Muitos anos atrás, atendemos um cliente que queria fotografar seu catálogo de moda com uma comunicação visual que remetesse à Itália.

Toda a sua coleção de verão havia sido desenvolvida com estampas de temas italianos e usando as cores da bandeira, além das peças serem batizadas com nomes de cidades da Itália: vestido Milão, saia Roma, blusa Nápoles etc. Até aí, tudo bem! No entanto, o nome que ele queria dar ao catálogo — e que já estava em toda a campanha — era "verano", que ele pronunciava com um sotaque italiano: "Verráááno!" Quando perguntei por que "verano", ele disse: "Como assim por quê? 'Verráááno' é verão em italiano!" Sério, isso aconteceu na face da Terra! Fui obrigada a dizer que infelizmente "verano" é verão em espanhol e que, em italiano, é "estate". Primeiramente ele ficou me olhando, incrédulo, depois ficou bravo comigo, afinal de contas, "Eu só podia estar de brincadeira" e, por fim, usou o Google para conferir.

Depois de ter trabalhado seis meses para desenvolver uma coleção linda, ter viajado, pesquisado estampas, comprado tecidos, aviamentos, contratado estilistas etc., ele errou feio no nome, pois não investiu nem sequer cinco segundos em verificar no Google tradutor. Ele dizia: "E agora? Eu já mandei fazer os adesivos para as vitrines da rede toda escrito *Coleção Verano* e com uma bandeirinha da Itália! Já paguei a nova arte para o site, já criamos logo, tudo em cima dessa palavra... Só faltava o catálogo e aí você me vem com essa?" Sobrou até para mim que estava ouvindo aquilo pela primeira vez... Mas a verdade é que ninguém até aquele momento havia realmente pensado no nome, nem o dono da empresa! Todo mundo achou que estava certo e simplesmente seguiu adiante. Para tentar remediar a situação, ele começou a ligar para os fornecedores querendo refazer o material sem custo, afinal, "ninguém havia avisado que o nome estava errado". Ele se focou tanto em recuperar o dinheiro gasto que — novamente — não parou para pensar no nome... Quando o rapaz do site concordou em refazer o logo sem custo, perguntou qual seria o nome novo e só neste momento é que o dono percebeu que não sabia que nome daria... Depois ele focou em reclamar de como a palavra "estate" é horrível. "Não é sonora!

Parece uma coisa estática, sem movimento. Sem falar que ninguém conhece essa palavra... O pessoal vai americanizar e ler 'steite', que horror!" Quer dizer, outra vez ele empregou esforços sem raciocinar, afinal, uma vez que o material havia sido perdido e o nome seria mudado, quem disse que teria de ser "estate"? Mas, naquele momento de estresse, e vendo-se obrigado a decidir sob pressão, ele chutou um nome qualquer só para se livrar do problema de uma vez. Resumo: um trabalho de meio ano que resultou em uma coleção maravilhosa, com peças de qualidade, desenvolvidas por profissionais capacitados, com tecidos e aviamentos escolhidos a dedo foi representada por um nome qualquer... Uma pena!

Neste capítulo, não tenho a pretensão de ensiná-la a criar um nome, a desenhar um logo ou a desenvolver a comunicação para sua empresa, pois além de não ser possível fazer isso apenas por meio de um capítulo, não sou profissional da área. Meu objetivo é ajudá-la a entender o quanto a comunicação é importante para um negócio e citar alguns dos aspectos que o tema abrange para que você possa se preparar para mais essa etapa do empreendedorismo. Entendendo a importância disso você vai buscar profissionais competentes dentro da sua realidade financeira e vai saber exatamente o que precisa ser feito. Você vai ter uma ideia muito mais ampla do que a comunicação multissensorial pode fazer pelo seu negócio e o que um bom profissional deve lhe entregar como solução. Saber o que contratar e o que esperar dos resultados facilitará muito essa fase tão importante do seu negócio.

Branding

Também conhecido como Gestão de Marca, o *branding* é um conjunto de medidas com o objetivo de despertar uma percepção de valor de uma marca junto ao seu público-alvo. Um bom trabalho de *branding* pode agregar um valor positivo, enquanto uma má gestão de marca pode causar o efeito contrário. Faz parte desse processo a definição do público-alvo (tema do capítulo anterior), a definição do nome (*naming*), do logo e de tudo o que possa destacar positivamente o seu negócio. Hoje em dia, cada vez mais as empresas estão buscando formas de se diferenciar no mercado, explorando outros sentidos além da visão. Quando são criados *jingles* (músicas publicitárias) para representar um produto, um serviço ou uma marca, a ideia vai muito além do que simplesmente fazer propaganda, pois é uma excelente oportunidade de criar uma memória afetiva em seu público. Quem tem mais de quarenta anos certamente já acordou "depois de um sono bom" cantando o *jingle* do Café Seleto®. Ou ficou rodando o baleiro da vendinha do bairro cantando a música da Bala de Leite Kids®, "a melhor bala que há". Depois surgiram outros tão marcantes quanto, como o da poupança Bamerindus (que nem existe mais, mas o *jingle* "continua numa boa" na nossa cabeça). E o que dizer do *jingle* do Danoninho® que acabou virando "sinônimo" do bife (Danoninho, aquele que vale por um bifinho). Se você colocar no Google "Como tocar o bife", vai ver que aparece a palavra Danoninho entre parênteses para que a pessoa saiba de que música se trata. Louco isso, não? E, só para citar mais um, quem não conhece o *jingle* do Big Mac? Até quem não gosta do sanduíche sabe quais são seus ingredientes de cor! É claro que a criação de um *jingle* assim requer um alto investimento, mas é possível explorar outros sentidos de forma acessível.

Muitas confecções, por exemplo, estão criando uma fragrância exclusiva para aromatizar suas lojas e suas peças. Muitas delas vendem o perfume para que as pessoas, ao utilizarem em seus ambientes particulares, lembrem-se da sua marca. Eu mesma ganhei o perfume de uma loja de roupas e usei muito em casa. Depois disso, toda vez que entro nessa loja tenho a sensação de estar na minha casa, ou seja, a marca criou um vínculo afetivo comigo que dificilmente vou esquecer, pois a memória olfativa é muito duradoura. O tato é outro sentido que aproxima uma marca de seu cliente e, em alguns tipos de negócios, o paladar também pode ser um aliado.

Dica para logos

Se você optar por um logo dourado, prateado ou em alguma cor especial, tenha em mente que sempre que for fazer um material impresso terá gastos extras com o que se chama de "quinta cor" (para compor uma cor especial), ou *hot stamping*, para imprimir em dourado ou prateado. Vale submeter a um produtor gráfico para tirar dúvidas antes de bater o martelo.

Naming

Assim se chama o processo de escolha do nome de uma empresa. Em português seria algo como "nomeando", mas o mercado acabou adotando o uso da palavra em inglês mesmo. Um bom nome é aquele que transmite visão, posicionamento, ideia central, caráter (entre outras coisas) do negócio, produto ou serviço. Percebe agora o quanto é difícil? Há vários tipos de nomes e todos eles apresentam prós e contras, por isso é bom você conhecer um pouquinho dessa seara para evitar ao máximo os contras.

Abstratos — surgem a partir de palavras inventadas, como Skype. Um ponto positivo é que geralmente são palavras sonoras e fáceis de gravar, porém, para uma empresa pequena, com pouca ou nenhuma verba de publicidade, fica difícil explicar do que se trata. Ou seja, teria de ser feito algum investimento só para fazer a palavra "pegar" e nem sempre existe dinheiro para isso.

Descritivos — descrevem claramente a atividade, como Banco do Brasil e Bolos Caseiros. Costuma ser ótimo para micro e pequenas empresas, porém, ao ter um nome tão específico o negócio acaba ficando preso a uma única atividade.

Siglas — são compostas por iniciais que podem representar o ramo de atividade, os nomes dos sócios ou simplificar um nome muito extenso como GPA para Grupo Pão de Açúcar e UOL para Universo Online. Geralmente, fazem mais sentido quando são compostas pela sigla da atividade ou a abreviatura de um nome do que quando se formam pelos nomes dos sócios, além disso, no caso de dissolução da sociedade, todo trabalho feito em cima do nome ficaria sem sentido.

Acrônimos — são formados por sílabas ou letras que compõem uma palavra que simplifica um nome maior, como Bradesco (Banco Brasileiro de Descontos) e Senac (Serviço Nacional de Aprendizagem Comercial).

Próprios — são ideais quando o profissional tem certo renome na área em que atua ou visibilidade na mídia, pois já cria um diferencial entre todos os demais concorrentes. Nomes próprios são amplamente usados em escritórios de advocacia, clínicas médicas e salões de beleza, porém, podem ser empregados em qualquer tipo de negócio.

Além de conhecer os tipos de nomes, há alguns pontos que você precisa considerar antes de definir o nome da sua empresa. Para ajudá-la nessa tarefa, segue aqui uma listinha com cinco dicas:

1. ***Curto e de fácil compreensão.*** Hoje em dia uma empresa que não está na internet está fadada ao anonimato. Mas não basta ter um site, é preciso que as pessoas encontrem a empresa com facilidade. Imagine uma empresa com um nome superdifícil de escrever que toda vez seja preciso soletrar, conferir se a pessoa anotou direito ou ter de dar um cartão

para que ela copie! E o que dizer daqueles nomes estrangeiros com pronúncias difíceis que nem a pessoa que atenderá ao telefone saberá dizer corretamente? Um grupo alemão de comunicação, por exemplo, teve de se adaptar quando começou a transmitir sua programação para o mundo, a Deutsche Welle. Imagine-se pronunciando ou soletrando esse nome... O que o grupo fez foi optar pela sigla DW e reduzir o site a dw.com. Por isso, prefira nomes curtos e de fácil entendimento.

2. *Fácil de memorizar.* Quando você consegue criar um nome fácil de memorizar, às vezes, ele pode até ser um pouquinho mais longo como Maria Lembrancinha, por exemplo. Ainda que o site e os e-mails corporativos sejam mais longos, você já entende do que se trata e não esquece, e a ortografia não tem segredo.

3. *Não seja contraditório.* O nome deve passar uma ideia do posicionamento do negócio, portanto, uma empresa de tecnologia e inovação chamar "Tradição" seria contraditório (exemplo fictício). Busque um nome que, além de não confundir o público, esteja de acordo com a atividade que sua empresa desempenha.

4. *Disponível para registro.* Considere que o registro não é apenas de um domínio de site, mas sim da marca em si nos órgãos competentes. Verifique e registre devidamente antes de seguir com a abertura da empresa. Já acompanhei vários casos de empresas que, depois de terem trabalhado uma marca durante anos, tiveram de abrir mão dela por questões legais e não foi uma boa experiência.

5. Não limite seu crescimento. No caso de nomes descritivos, como o exemplo Bolos Caseiros, a empresa pode ficar sujeita a manter-se só fazendo bolos ou ter de trabalhar toda a sua comunicação para dizer que também produz outros tipos de alimentos. Porém, mesmo tendo esse cuidado, o principal produto sempre será bolo e ele jamais poderá deixar de fazer parte do portfólio de produtos.

Emprego do branding em uma microempresa

Até aqui você viu que não existe nenhum bicho de sete cabeças e que, mesmo sendo micro, você tem condições de desenvolver uma marca e posicionar bem o seu negócio. Veja um exemplo do bom emprego do *branding* em uma microempresa.

Ao final de uma palestra em Porto Alegre, recebi uma linda caixa de madeira da microempreendedora Cláudia Letícia Barbosa. Ela sabia que teria de sair correndo para buscar o filho na escola (vida de empreendedora é assim!), mas queria que eu conhecesse seu trabalho e, muito generosamente, preparou um kit de presente para mim. Em questão de segundos ela me entregou a caixa, disse que trabalhava no ramo da personalização, se desculpou pela pressa e correu para não deixar o filho esperando. Quando abri aquele presente, mesmo sem ter conseguido conversar com Cláudia por muito tempo e sem conhecer a empresa e o que ela oferecia, pude entender perfeitamente o negócio, o tipo de público e seu diferencial. Era perfeito!

Primeiramente ela não cometeu o erro que muitos empreendedores cometem que é precisar de *tempo* para apresentar e explicar seu negócio, produto ou ideia. Hoje em dia as pessoas não têm tempo e isso é um fato que não pode ser ignorado. Além do que, o interesse de apresentar seu produto é seu e não do outro, por isso, querer que a pessoa lhe conceda uma coisa que ela não tem nem para si mesma está fora de cogitação. Não são poucas as pessoas que me mandam mensagens do tipo: "Vamos tomar um café e eu explico meu negócio." Se você precisa de mais de trinta segundos para dizer o que faz é porque isso não está claro nem na sua cabeça. E mais, se você entregar seu produto na mão de alguém e tiver de explicar demais do que se trata, a coisa já não está legal. Isso só não se aplica a invenções e inovações, pois é claro que se eu estou vendo algo pela primeira vez, não vou saber do que se trata. Porém, para as demais coisas, tudo tem de estar muito visível e "se vender" por conta própria. Um bom negócio, produto ou ideia tem de falar por si mesmo e foi isso que o kit da Cláudia fez.

A caixa de madeira marrom era do tamanho de um livro — coisa que eu jamais deixaria passar despercebida — e estava lacrada com uma fita de cetim branca personalizada intercalando a frase "Boutique de Personalização" e o nome da empresa que diz tudo: "Nomedeiro". Uma empresa de personalização trabalha muito com nomes, por isso, ser um "nomedeiro" acabou virando a profissão de quem coloca os nomes dos clientes no lugar certo. Achei sensacional! Na tampa da caixa havia uma letra N estilizada que se transformou em um arabesco, ou um arabesco que virou letra N. A forma é tão orgânica que não sei o que veio primeiro! E, no centro da caixa, com todo destaque, meu nome em marrom e branco, conferindo um visual elegante. Se a caixa estivesse vazia eu já estaria feliz, mas dentro havia mais surpresas.

Na parte interna da tampa, vi um texto especialmente feito para mim, falando sobre prosperidade, sucesso e a necessidade de aprendizado contínuo, coisas que têm a ver com meu trabalho. Agora imagine o quanto deve ter sido desafiador escrever para uma escritora! Dentro da caixa havia um cartão escrito à mão, que eu valorizo demais (tanto que faço questão de colocar um bilhetinho escrito por mim dentro de cada pedido feito na loja virtual do meu blog) e três objetos que todo jornalista ama: uma caderneta de anotações mais chique para usar em uma reunião de negócios, um bloquinho para o dia a dia em forma de notas de euro e uma caneta com meu nome.

Com isso, eu vi que a Cláudia foi muito modesta quando disse que trabalhava com personalização, pois não se tratava do tipo de serviço que se vê por aí. Ela não se limitou a apenas colocar meu nome em alguns objetos, mas foi muito mais fundo para fazer algo único. O que poderia ter sido mais um kit personalizado acabou se tornando algo exclusivo, pois ela pesquisou as coisas de que gosto, reuniu elementos que fazem todo sentido para o meu dia a dia e criou um relacionamento afetivo entre mim e esses objetos assim que coloquei meus olhos neles. O trabalho em si precisa ser traduzido em um preço que proporcione lucro, mas a simbologia que ele traz tem um valor muito maior.

Agora imagine se uma grande empresa teria condições de fazer um trabalho tão minucioso e exclusivo? Essa empreendedora encontrou um nicho que a destaca de seus concorrentes e não se vê ameaçada por alguém que invista em automatizar a produção para baratear os custos, pois esse tipo de trabalho só dá certo quando feito desta forma: um a um. E é isso que cada empreendedora deve fazer: criar um diferencial e trabalhar utilizando todas as ferramentas possíveis mantendo a coerência e a fidelidade à proposta.

Coerência, palavra-chave no desenvolvimento da identidade do seu negócio

Negócios que se desenvolvem a partir de definições coerentes e que se mantêm fiéis à sua proposta constroem uma identidade melhor fundamentada e tendem a ser mais bem-sucedidos. Quando você deixa a coerência de lado e não exercita o senso crítico, corre o risco de cometer os mesmos erros que levam muitos empreendedores a desistirem (ou se verem obrigados a desistir) do trabalho pelo qual lutaram tanto.

Toda comunicação visual de uma empresa deve estar alinhada ao que ela oferece, tanto com respeito ao seu tipo de produto quanto ao seu posicionamento. Todos os meios utilizados devem "falar a mesma língua" para passar a mensagem mais adequada ao cliente e, assim, já deixar o mais claro possível qual é a proposta do seu negócio. Quanto mais elementos difusos houver, mais confusão poderá ser gerada. Parece meio óbvio (e é mesmo), mas muita gente peca nesse aspecto. Acompanhe o próximo exemplo.

Imagine uma pessoa que ama costurar, é caprichosa, detalhista e fez um curso prático para pequenos consertos em roupas. Ela não é estilista e não tem conhecimento para criar uma peça do zero, mas tem muito talento para fazer barras, ajustes diversos, acertos no comprimento de mangas e até "salvar" uma peça que rasgou, mas ainda está em ótimo estado. Incentivada por familiares e amigos que usufruem de seu bom trabalho, ela resolve empreender nessa área e decide abrir uma oficina popular, cuja atividade será oferecer pequenos consertos a preços baixos. As mães do bairro estão sempre comprando roupas um pouquinho maiores para seus filhos para poderem usá-las por mais tempo (minha mãe fez isso conosco a infância toda), e precisam de uma boa costureira para fazer uma barra de calça, acertar a altura das mangas e tirar um pouquinho do comprimento. Conforme a criança cresce, a barra, as mangas e o comprimento passarão pelas readequações necessárias e ela terá um giro constante de clientes. Além disso, o público adulto da região também está sempre às voltas com roupas que precisam de conserto, mas não querem gastar mais do que pagaram pela peça. Com isso, fica definido o tipo de serviço e de público. Excelente!

Na hora de dar um nome à oficina ela optou por Atelier de Estilo Paris, e escolheu um logo dourado e rebuscado que viu em um site da internet. Em sua pequena garagem, transformada em ponto comercial, ela pendurou quadros com imagens francesas e fotos de modelos vestindo roupas que ela ainda não tem expertise para produzir. Para dar um ar mais francês ainda, ela instalou o lustre antigo de cristal que estava na casa da avó e deu o toque final com um tapete caro que estava em sua sala de estar. A vizinhança ficou receosa com o novo negócio, pois "um lugar tão chique deve ser caro". Alguns acharam que ela "subiu de nível" e não ia querer mais ficar fazendo barra de calça de criança, enquanto outros comentaram, "Se meu filho derrubar sorvete naquele tapete eu estou perdida!".

Diante disso, essa empreendedora teria muito mais trabalho em comunicar que os preços são acessíveis e que continua fazendo consertos simples. Todo aquele aparato — que era apenas decoração — passou uma mensagem contrária àquilo que ela pretendia oferecer e acabou prejudicando o julgamento de seus clientes. Seria muito mais positivo oferecer um ambiente simples e funcional, com uma tabela de preços bem exposta e com uma decoração que não confundisse as clientes.

Você precisa ser coerente com sua proposta, e não se perder no meio do caminho. Pequenos negócios se destacam pelos detalhes, que cada vez mais vêm sendo valorizados. Há alguns anos, houve uma explosão de hipermercados e a moda era passar horas e horas percorrendo os corredores enormes e repletos de produtos. Hoje, muitas pessoas já não têm mais tempo (nem paciência) para continuar a fazer suas compras dessa forma e os grandes líderes do setor já tomaram providências para não perder clientes. Os hipermercados continuam disponíveis, mas quase todas as grandes redes já abriram mercadinhos de bairro para que os consumidores possam fazer compras rápidas sem comprometer a rotina diária. Às vezes eles são até mais caros, mas o fato de economizar tempo e de conhecer o gerente, os caixas e o manobrista nos proporciona um ambiente mais acolhedor do que a frieza e a indiferença dos hipermercados. Essa proximidade está sendo cada vez mais valorizada e é aí que o pequeno empreendedor se destaca.

Quando você oferece algo exclusivo, um tratamento diferenciado ou um cuidado que uma grande empresa não tem condições de oferecer, você sai na frente. E quando sua proposta é coerente, você não só obtém clientes, mas também fãs.

~ Capítulo 17 ~

DIVULGAÇÃO COM VERBA, POUCA VERBA OU SEM VERBA

Por mais que você inicie seu negócio de forma bem modesta e com pouco dinheiro, é preciso considerar que, em algum momento, será necessário desenvolver ferramentas de divulgação. Com o advento da internet — principalmente das redes sociais — esse trabalho se tornou mais democratizado, pois todo mundo pode ter seu espaço a custo zero. Porém, é preciso saber como utilizar cada recurso e é nessa questão que muitos empreendedores acabam cometendo grandes erros.

Neste capítulo, vamos analisar alguns meios de divulgação e como utilizá-los de forma adequada. Como o tipo de divulgação pode ser diferente de negócio para negócio, selecionei itens básicos que fazem parte da maioria dos empreendimentos para que você tenha uma ideia melhor de como explorá-los positivamente. Basicamente você vai utilizar dois tipos de ferramentas, impressos e digitais, e as opções podem variar bastante, por isso, vamos a um enxoval básico de materiais.

Impressos

Cartão de visita

Na primeira palestra da Ana Fontes, fundadora da Rede Mulher Empreendedora logo pensei: Essa é empreendedora mesmo! Na fala dela não havia teorias fantasiosas, nem coisas impossíveis de se fazer. Ela falava dos pequenos erros que cometemos por pura falta de atenção aos detalhes e, como vimos em algumas passagens deste livro, é a mais pura verdade. Em um dado momento, Ana pediu às pessoas que não haviam levado seus cartões de visita que levantassem a mão. Para nosso espanto, muitas mulheres haviam ido a um evento com mais de duzentas empreendedoras sem nem sequer levar cartões de visita! Elas não enxergaram a oportunidade de fazer *networking* e, simplesmente, deixaram passar... Em seguida, Ana pediu que algumas das empreendedoras que haviam levado seus cartões lhe entregassem para uma rápida análise. Veja a seguir o que foi observado nesse simples exercício.

> ***Falta de dados.*** O campeão nesse quesito foi o telefone sem DDD, mas também houve exemplos de cartões somente com o nome da empresa e sem um nome de contato e vice-versa, além de cartões sem site e sem e-mail. Mas o que mais me chamou a atenção foram os cartões que tinham o nome da empresa, da empreendedora, o telefone, o site, o e-mail etc., mas não nos davam sequer uma pista do que a empresa fazia.

> ***Erro na escolha da fonte.*** Alguns cartões simplesmente não davam para ler de tão pequena que a fonte (letra) era. Outros tinham uma fonte tão rebuscada que dificultava muito a leitura. Um erro que faz muito cartão ir parar no lixo.

Logos ou ilustrações sem leitura. Há logos que são tão cheios de detalhes que só se notam quando vistos de forma ampliada. Devemos nos lembrar que há momentos — como no cartão de visita — em que o logo será exibido em tamanho reduzido, por isso, se não der para entender do que se trata, acaba ficando sem sentido. O mesmo vale para o uso de ilustrações, se não der para compreender o traço, não tem por que colocar.

Imagens em baixa resolução. Esse tipo de erro mostra falta de cuidado e de preocupação com a qualidade. Se você trata assim o próprio material, o que vai fazer com o do seu cliente?

Informações confusas. Houve cartões em que, de um lado, era apresentado um negócio e, do outro, um empreendimento totalmente diferente, do tipo, *pet shop* e fabricação de *cupcakes*. Querer "aproveitar" um mesmo material para coisas tão diferentes dá impressão de amadorismo (e até um pouco de desespero!). Esse tipo de erro só confunde o cliente e mostra que nem você decidiu ainda o que quer fazer.

Excesso de informações. No afã de querer demonstrar o quanto seu negócio é completo, algumas pessoas decidem colocar muita informação em um momento que não é propício. O cartão é uma apresentação inicial, por isso, vale a regra do menos é mais.

Usar material com erro. Cartão riscado à caneta com anotações de telefones que mudaram, e-mails que foram substituídos, anotação de dados que ficaram faltando ou qualquer coisa como essa causam uma péssima impressão. É preferível que você mande fazer um cartão simples e barato, impresso em uma cor só (até que tenha condições de fazer um melhor) do que tentar aproveitar um material com erro.

Invenções sem sentido. Depois desse exercício, recebi o cartão de uma empreendedora que, de um lado, tinha uma ilustração fofa e bem impressa e, no verso, todos os dados menos o nome da empresa ou o ramo de atividade. Perguntei o que ela fazia e a resposta foi "está no cartão!". Olhei novamente e disse que não havia encontrado, então ela me contou um *segredo*: "Coloque o cartão contra a luz e você vai ver o texto em verniz transparente. Assim, ó! Viu?" Gente... menos!

Há algumas regrinhas simples que podem ajudá-la a elaborar um bom cartão de visita.

Tamanho e formato. O mais comum é o cartão retangular medindo 90 mm × 50 mm, pois ele cabe na maioria dos porta-cartões, mas isso não é uma regra. Apenas procure não fazer muito menor que isso, para não "desaparecer" no meio de outros; nem muito maior, para que não seja difícil de guardar. Inovar no formato pode ser bacana, mas lembre-se de que isso vai demandar um custo extra, pois você terá de encomendar uma faca especial para o corte. Vale a pena consultar algumas gráficas, pois elas podem ter facas que sejam interessantes para você, mas cuidado com a coerência! Usar uma faca especial que não tenha nada a ver com sua comunicação só para ser diferente não vale a pena.

Fontes. Além de escolher uma fonte com boa leitura e usar em um tamanho confortável, procure não misturar fontes diferentes, pois isso costuma incomodar os olhos. Se quiser mesmo fazer uma variação de fonte, use sempre de uma mesma família. Um bom *designer* vai saber orientá-la a respeito disso.

Efeitos. Evite usar muitos efeitos em um mesmo cartão como degradê, verniz, textura etc. Querendo destacar algo, escolha um efeito e atenha-se a empregar apenas ele, pois se você começa a querer destacar tudo, vai acabar não destacando nada.

Cores. Mantenha-se fiel à sua comunicação visual e evite usar muitas cores para não poluir seu cartão. Lembre-se do que comentamos no capítulo anterior: se você cria um logo dourado ou com cores especiais precisa levar em conta que sua impressão ficará mais cara.

Quantidade. É tentador fazer mil cartões porque a unidade sai mais barata, mas se você tiver de jogá-los fora caso haja uma mudança de telefone ou algo assim, de que adiantou a economia? Também vale a pena fazer uma quantidade menor na primeira vez para que você teste, na prática, o efeito que o cartão causa. Se tiver de fazer algum ajuste e descartar o material, a perda será menor.

Fechamento do arquivo. Antes de aprovar a impressão, veja se a gráfica pode lhe fornecer uma prova impressa para que você tenha uma ideia melhor da cor (às vezes varia) e se o arquivo foi fechado de acordo com a máquina que irá imprimir.

Coerência. Se você trabalha com algo mais elaborado, como doces finos, joias, eventos sofisticados e coisas semelhantes, vale a pena investir em um papel mais elegante, com uma textura adequada e até uma impressão mais chique. Um cartão simples demais acabaria não passando a imagem correta. Se você trabalha com produtos naturais, sustentabilidade e coisas do gênero, optar por papel reciclado ou papel semente é uma ótima ideia. Ou seja, pense no seu negócio e use os recursos disponíveis que sejam mais coerentes para expressá-lo da forma mais clara possível.

Dados. Em qualquer tipo de cartão é imprescindível que haja dados suficientes para que a pessoa interessada possa entrar em contato ou pesquisar mais a respeito do seu negócio. O que não pode falar é: nome da empresa e ramo de atividade; seu nome e, se necessário, seu cargo; telefones com DDD; site e e-mail. Aproveite para destacar suas redes sociais de forma clara, sem confundir e sem poluir, mas atenção: dê preferência para sua principal rede ou, no máximo, duas (se encaixar bem na arte). Não queira colocar tudo para não carregar demais, pois uma vez que a pessoa acessar uma das redes vai acabar encontrando as demais (se você usar bem os recursos de cruzamento de informações). Se você trabalha com importação/exportação, faça um cartão bilíngue e não se esqueça de acrescentar ao telefone o código do país antes do DDD.

Como vivo no mundo real (e não no maravilhoso mundo da teoria onde erros jamais acontecem), notei que eu só tinha cartões de visita do nosso estúdio e ainda não havia feito cartões para divulgar meu trabalho com finanças. Isso aconteceu em uma bela quarta-feira à noite e eu tinha um evento na sexta de manhã para divulgar meus livros e não o estúdio (procuro não misturar as estações). Conclusão:

só tive a quinta-feira para fazer a arte e mandar imprimir, pelo menos, cem cartões. O problema é que, às quintas, eu vou para a TV, então só tinha a parte da manhã para resolver a questão! Rascunhei a ideia de um cartão com frente e verso e passei para a criação. Depois de aprovado mandei para uma gráfica rápida e torci para que cumprissem o prazo. Deu tudo certo e retirei os cartões a tempo! Depois desse aperto, anotei na agenda que teria de mandar fazer mais cartões e rever a arte com mais calma. Porém, ao chegar ao evento e começar a distribuir os cartões, percebi que as pessoas gostaram muito e logo reconheceram a bolsinha que aparece sempre na minha comunicação visual. Deu tão certo que acabei não mudando mais!

Dica de ouro

*Apesar de o cartão de visitas ter a função principal de fornecer seus dados, você pode inovar e utilizá-lo para fornecer uma amostra do seu trabalho. Por exemplo, se você é ilustradora, que tal fazer um cartão com uma de suas ilustrações? Se é calígrafa, por que não fazer um cartão escrito à mão? Ou se trabalha com programação, que tal incluir um **QR code** dando acesso ao seu site? Meu marido, por exemplo, optou por fazer duas versões de cartão de visita, ambos impressos* *em papel fotográfico, mas cada um com uma foto diferente. Sempre que ele ia oferecer um cartão, pedia para as pessoas escolherem um deles, mas em grande parte das vezes, elas escolhiam os dois! Ele aproveitava para mostrar duas fotos e as pessoas gostavam tanto que não descartavam o cartão.*

Flyers e panfletos

Ambos são materiais impressos de baixo custo unitário por terem tiragens mais altas. Em geral, panfletos são materiais mais baratos e são utilizados para ações com duração menor, como feiras, promoções de fim de semana, campanhas políticas etc. Já os *flyers* são materiais um pouco mais elaborados visualmente e impressos em papéis de gramatura mais alta (mais firme). São usados em ações que pedem um material melhor, como inauguração de loja ou lançamento de produto e também para ações que terão uma vida útil maior, como um café que queira divulgar seu cardápio fixo. Procure incluir os dados do cartão de visita para evitar ter de anexá-lo ao *flyer* ou panfleto. É muito comum recebermos esse tipo de material com um cartão grampeado, mas isso aumenta os gastos e dificulta o manuseio e a distribuição.

Folder

Trata-se de um material com alguma dobra e que, portanto, tem um custo maior e deve ser desenvolvido com mais critério. Dependendo do objetivo, pode-se optar por um papel de gramatura mais baixa ou mais alta e ter variações na sua apresentação: uma dobra (rendendo quatro páginas) ou mais (criando um sanfonado). Essas são as mais comuns, mas há outros formatos que podem ser explorados. Os *folders* são ótimos para transmitir mais informações de forma organizada. Em alguns casos pode atuar como um minicatálogo, expondo uma linha de produtos, por exemplo.

Banners

Geralmente os *banners* são impressos em materiais mais duráveis, como PVC ou papéis especiais. São muito usados em pontos de venda para destacar alguma promoção ou novo produto, e em eventos, sinalizando *stands* ou contribuindo com a comunicação visual. O maior erro que vejo em *banner* é que muitos empreendedores, tentados pelo tamanho do material, querem colocar muita informação e acabam comprometendo a comunicação. Apesar de ser uma peça maior, considere que um *banner* é quase sempre visto de longe, por isso, imagem e texto devem estar em um tamanho que possam ser vistos a certa distância. Tenha cuidado também com as cores, pois sempre que você muda o tipo de material (de papel para PVC, por exemplo), o resultado pode ser diferente. Consulte sempre o profissional que vai imprimir para ver se são necessários ajustes. E uma dica para quem vai transportar *banners*: os meus têm uns suportes de madeira nas extremidades e quando tentei levá-los a bordo em um voo, fui informada de que se tratava de uma arma branca e que eu deveria despachar... Ainda bem que estavam bem embrulhados e não foi um problema, mas quase fiquei sem meu material!

Materiais especiais

Alguns tipos de materiais não convencionais como os descritos anteriormente podem ser muito mais interessantes para você, dependendo do seu negócio. Por exemplo, eu não imprimo *flyers*, prefiro sempre substituir por marca-páginas, pois além de divulgar, eles têm uma função que tem tudo a ver com livros. Acaba virando mais um brinde do que um simples material de propaganda. Também já usei bloquinhos e caderninhos para anotação de gastos, que são objetos ligados à minha atividade. Para empresas que usam o sistema de *delivery* é muito bacana produzir imãs de geladeira, por exemplo, pois na hora da fome é para o restaurante do imã que a gente apela. Procure estar sempre por dentro das opções de peças impressas para escolher aquela que melhor representa seu negócio, assim você não terá gastos, mas sim, investimentos.

Cuidado com as imagens!

Muitas pessoas não produzem as fotografias ou ilustrações que serão utilizadas em seus materiais, optando por baixá-las de algum site da internet. Mas você deve ter o cuidado de verificar se aquela imagem possui direitos autorais e se há alguma tarifa a ser paga pelo seu uso. Existem imagens de uso livre (*royalty free*), mas a maioria pertence a bancos de imagem e estão disponíveis para venda. Fique atenta! Além disso, veja se a resolução da imagem está compatível com o tamanho da impressão para não comprometer sua peça.

Digitais

Nesta seção apresento algumas dicas de como divulgar seu negócio usando mídias digitais, porém, como a velocidade do mundo virtual é acentuada, dependendo da época que você estiver lendo este capítulo algumas regras poderão ter sido alteradas. Considere as dicas, mas não deixe de fazer uma pesquisa para ver se foram estabelecidas novas regras, ferramentas e demais facilidades.

Redes sociais

Segundo dados da Secretaria de Comunicação Social do Governo Federal (Secom), 92% das pessoas que usam a internet estão em alguma rede social. Com isso, vemos que deixar seu negócio fora desse universo significa perder grandes oportunidades. Uma pergunta frequentemente feita por empreendedores é: "Qual é a melhor rede social para negócios?", mas como temos diversas opções hoje em dia, e considerando que há também tipos diferentes de negócios, não há uma única resposta. Porém, a grande questão não é encontrar a melhor rede, mas sim encontrar seu público. A melhor rede social para o seu negócio será aquela onde o seu público está e cujo mecanismo seja eficiente para comunicar sua mensagem. Como seu público pode estar em várias redes ao mesmo tempo, talvez você também tenha de diversificar. Vamos listar a seguir algumas das principais redes e suas particularidades para que você possa ter uma ideia melhor e, assim, facilitar suas escolhas.

Facebook

Dados da Secom afirmam também que o Facebook, apesar do aparecimento de outras redes nos últimos anos, ainda é a mais popular no Brasil, concentrando 83% das pessoas que acessam a internet. Encontrar alguém que não esteja no Facebook atualmente não é uma tarefa fácil!

Por ser uma plataforma simples de administrar e com um potencial enorme, todos os tipos de empresa procuram manter páginas na rede e utilizá-las para promover seus negócios. Apesar de ser gratuito, mais de 2 milhões de usuários anunciam na rede criando campanhas, promovendo a página ou divulgando eventos. Porém, há certos cuidados que todo empreendedor deve tomar com a manutenção do seu espaço para não incorrer em erros bastante recorrentes que acabam causando o efeito inverso. Confira dez erros comuns cometidos por muitas empresas no Facebook.

1. ***Começar na cara e na coragem.*** Sabendo que estar fora da rede é perder oportunidades, alguns empreendedores se apressam em criar uma página, mas não reservam tempo para planejar o conteúdo e a frequência das publicações; quem será o responsável por administrar a página; qual a linguagem a ser utilizada etc. As redes sociais devem ser vistas como mídias e, portanto, requerem certo planejamento para não começar bem e perder o ritmo ou, já de cara, começar mal e ter de correr atrás do prejuízo.

2. **Abrir um perfil e não uma página.** Micro e pequenas empreendedoras muitas vezes criam um perfil, e não uma página, para sua empresa. Somente as páginas possuem ferramentas específicas para negócios, por isso não opte pelo perfil só porque você já o domina, caso contrário, não obterá todos os benefícios que a página pode lhe trazer. Quanto ao conteúdo, nenhuma empreendedora que se preza deve confundir o tipo de publicação que pode ser feito em seu perfil com os que não convêm a uma empresa. Publicar coisas banais, engraçadas e até entrar em polêmicas em nosso perfil pessoal pode não trazer grandes problemas, mas, dependendo do que for, pode ser fatal para um negócio.

3. **Página "balcão de anúncios".** O que os usuários das redes buscam em sua maioria é entretenimento e informações, portanto, se sua página publicar coisas que interessem apenas ao seu negócio, como vendas, promoções e eventos, você não vai criar conexão com o público. As redes se tornaram fonte de informação e, por isso, é do conteúdo que você postar que vai depender o engajamento das pessoas. É claro que você pode — e deve — divulgar produtos, eventos e promoções, mas o problema é quando só se faz isso. No dia a dia, procure compartilhar informações relevantes e criar de fato um conteúdo que tenha a ver com seu universo. Se você trabalha com maquiagem, procure levar informações sobre uso, benefícios e novidades, e não apenas dizer que chegou uma sombra nova ao preço de X reais. Seja uma criadora de conteúdo e você vai ter muito mais engajamento do seu público.

4. **Não personalizar a página.** Apesar de ser uma plataforma com espaços preestabelecidos, o Facebook permite que sua

página seja personalizada e isso deve ser feito de acordo com a comunicação visual do seu negócio. Todo o seu material — inclusive digital — deve falar a mesma língua e manter a coerência tanto visual quanto de posicionamento e linguagem. Explore os recursos de personalização para que sua página não seja apenas mais uma entre as tantas que já existem.

5. **Não responder rapidamente.** Quando há falta de planejamento e você fica sem tempo para administrar sua página, o problema maior pode nem ser ficar alguns dias sem publicar, mas sim deixar algum cliente esperando resposta. O Facebook é uma plataforma altamente interativa e veloz; portanto, quando você demora muito para responder pode criar uma imagem de que não se importa com o cliente. Porém, responder qualquer coisa só para se livrar do problema não é a solução. Uma resposta mal-interpretada pode gerar uma repercussão enorme em pouco tempo. O ideal é que você verifique a página regularmente e, na dúvida do que responder, peça um tempo ao cliente e prometa retornar com a solução. Só não deixe as pessoas a ver navios!

6. **Desrespeitar os clientes.** Todas nós sabemos que, protegidas atrás de suas telas, as pessoas podem ser muito rudes nas redes sociais. Falam do que não sabem, fazem suposições, ofendem, caluniam. Creio que, por vivermos em um país onde somos enganados frequentemente, as pessoas já tenham a tendência em acreditar que qualquer coisa seja uma tentativa de levar vantagens sobre elas. Mas o fato é que, mesmo diante de postagens desrespeitosas, devemos manter o respeito. Quando falo sobre isso, costumo dizer que se entrarmos na loucura das pessoas, ficaremos tão loucas quanto elas! O fato de ser

desrespeitada não me dá o direito de desrespeitar, aliás, isso só me faria perder a razão. Portanto, diante de um comentário sem noção, respire fundo, tome uma água com açúcar, esfrie a cabeça e, somente depois, responda. E com elegância!

7. **Abandonar a página.** Novamente a falta de planejamento faz com que outro erro recorrente surja: o abandono da página. Se você perceber que realmente não tem como administrar sua página e que não há ninguém que possa ajudá-la nessa tarefa, é melhor tirá-la do ar. Quando entro em uma página cuja última postagem foi feita seis meses trás, a impressão que tenho é que a empresa nem existe mais. Por isso, se você abandonou sua página, reserve um tempo para reativá-la e planeje-se para usufruir dos benefícios que essa mídia pode trazer.

8. **Não colocar links para o site da empresa.** O fato de você ter milhares de fãs na sua página talvez não lhe traga resultados financeiros efetivos ou até mesmo não signifique que as pessoas realmente conhecem seu negócio. Por isso, procure levar as pessoas que acessam a sua página para o seu ambiente, seja site ou blog. Quando você direciona a pessoa para uma área onde o único assunto é o seu negócio, mais chances você terá de ter não só um fã, mas um cliente.

9. **Não investir em anúncios.** Mídias sociais são gratuitas até certo ponto, nem sempre as postagens gratuitas são suficientes para trazer resultados. Postagens de conteúdo, como vimos, são excelentes para engajar o público e obter movimento na sua página, mas, em alguns casos, isso só aumenta os números virtuais e não os reais, ou seja, seus lucros. Para se obter mais resultados é preciso colocar dinheiro e tentar

transformar audiência em clientes. Programe-se, conheça as formas de anúncio e tenha um orçamento para publicidade assim que possível.

10. Investir errado. Como tudo na vida de uma empreendedora é um desafio, não basta colocar dinheiro em anúncios e achar que o retorno será automático ou garantido. Verba de publicidade é um investimento e, como tal, é sempre um risco. Você precisa anunciar sim, mas deve também analisar os resultados para direcionar as próximas campanhas. Investir uma ou duas vezes e abandonar os anúncios porque não trouxeram o resultado que você esperava não é a melhor solução. É preciso entender o que deu errado e mudar a estratégia e, para isso, só mesmo testando na prática. É claro que há atalhos que podem encurtar o caminho em direção ao melhor anúncio para seu público, como cursos e tutoriais na internet de quem já faz isso há mais tempo, mas certamente você terá de praticar até pegar o jeito.

LinkedIn

O LinkedIn é a rede social profissional mais conhecida e já conta com 25 milhões de perfis só no Brasil. O site ganhou uma versão em português em 2010 e, no ano seguinte, já abriu um escritório em São Paulo. À medida que a taxa de desemprego aumenta, o número de usuários do LinkedIn também cresce: do final do primeiro trimestre de 2015 até maio de 2016 a rede registrou 25% de aumento no número de perfis.

No LinkedIn é possível publicar seu *curriculum vitae* e começar a formar sua rede de contatos de trabalho. Há duas versões, a *premium*, que é paga; e a básica, que é gratuita. Geralmente, é bom começar adicionando pessoas com quem você já trabalhou e, a partir daí, pesquisar profissionais e empresas do seu ramo para ir formando sua rede. Uma boa ideia é se registrar com seus dados do Facebook, assim você já procura entre seus amigos os contatos profissionais interessantes. Vale ressaltar que para tirar melhor proveito do LinkedIn o ideal é manter apenas contatos de trabalho, e não simplesmente pessoas conhecidas. O que vale é a qualidade dos contatos e não a quantidade, pois quanto mais seus dados e contatos estiverem ligados ao seu ramo de atividade, mais os buscadores automáticos da rede trabalharão a seu favor. Esses buscadores irão sugerir contatos e empresas conforme as atividades descritas no seu perfil, o que facilitará bastante a formação da sua própria rede.

A interatividade do LinkedIn é bem interessante, pois seus contatos podem escrever avaliações sobre você, endossar seus dados e parabenizá-la por algum acontecimento registrado em seu perfil: uma promoção, uma nova colocação, um novo empreendimento, um prêmio recebido etc. Também é possível pedir cartas de recomendação a empresas nas quais você trabalhou ou a colegas de trabalho e ex-líderes que possam avaliar seu desempenho. Se você tem facilidade com a escrita, uma excelente ideia é redigir artigos relacionados à sua profissão ou informações relevantes do seu setor. Há também a possibilidade de participar de grupos ligados à sua área de atuação, o que é ótimo para estar conectada ao máximo com o que está ocorrendo na rede e no mundo. E para quem está procurando uma nova posição de trabalho, o LinkedIn dispõe de um buscador de empregos que facilita muito que profissionais encontrem vagas disponíveis.

As funções da rede são diversas e sempre estão sendo aprimoradas, portanto vale investir um tempo em conhecê-la melhor e tirar proveito de todas as ferramentas.

Twitter

É uma rede de interação muito rápida e que requer muito poder de síntese. A limitação de cento e quarenta caracteres por publicação faz com que tenhamos de ser muito objetivas para passar uma mensagem completa. Por sua velocidade, o Twitter pode ser muito bom para anunciar promoções, porém, se seus seguidores também seguirem muitas pessoas, sua publicação vai ficar ofuscada pelas demais e será necessário que os seguidores entrem no seu perfil para ver o que você postou. A atualização também tem de ser em alta frequência, portanto, se você crê que não poderá publicar todos os dias, melhor recorrer a outras redes.

Instagram

Com mais de quinhentos milhões de usuários, sendo 35 milhões só no Brasil (7% do total mundial), a rede social de fotografias vem crescendo a um ritmo acentuado. Ela oferece também anúncios patrocinados e a possibilidade de exibir vídeos mais longos do que no passado (quando estavam limitados a quinze segundos). Hoje em dia já existem lojas virtuais informais usando apenas o Instagram como vitrine e fechando vendas por meio do WhatsApp. Vale a pena conhecer melhor as particularidades dessa mídia e fazer dela um ótimo canal de negócios.

YouTube

O número de usuários dessa plataforma de vídeos assusta: mais de um bilhão de pessoas. São milhões de horas de vídeos assistidos todos os dias, que geram bilhões de visualizações. Atualmente, por estar disponível em 76 idiomas diferentes, a plataforma cobre mais de 95% dos usuários da internet.

Como é possível curtir, compartilhar e comentar os vídeos, o YouTube também é considerado uma rede social, mas seu negócio só vai se beneficiar dessa plataforma de números gigantescos se você gerar conteúdo relevante em um canal próprio. A qualidade dos vídeos não é o principal quesito, pois há inúmeros *youtubers* que fizeram e fazem sucesso com vídeos caseiros, muitos deles feitos em celulares sem grandes recursos. O que importa nessa plataforma é o conteúdo, portanto se você não tem como produzir vídeos cujo conteúdo seja realmente interessante, o YouTube não terá muita utilidade em trazer clientes para o seu negócio. Mesmo assim, vale a pena ficar de olho no que acontece nessa mídia, pois as coisas podem mudar — tanto nela quanto no seu negócio —, e você terá mais uma ferramenta como aliada na sua divulgação.

Site/blog

Ainda que você esteja presente em todas as redes sociais é importante que você tenha seu endereço no mundo virtual. Imagine o que aconteceria com seu negócio se ele dependesse exclusivamente do Facebook, por exemplo, e amanhã ele simplesmente caísse em desuso (como foi o caso do Orkut). Que tragédia! Procure sempre usar as redes para divulgar seu ambiente e, de alguma forma, obter o contato do seu cliente para poder comunicar-se eventualmente.

Atualmente, ter um site já não custa uma fortuna, por isso vale a pena investir e contratar pessoas capacitadas para fazer isso. Meu blog, por exemplo, foi desenvolvido na plataforma WordPress e algumas pessoas disseram que eu poderia ter feito sozinha porque é bem intuitivo. Porém, o tempo que eu levaria para aprender sem ter a certeza de que estaria realmente fazendo bom uso do programa não valeria a economia. Além de trabalhar bem a comunicação visual — que é uma carreira bem diferente da minha —, a agência que criou a programação deixou tudo tão automático que administrar o blog não me toma muito tempo. Sem falar que é imprescindível ter um profissional trabalhando na manutenção e resolvendo qualquer problema que possa surgir.

Quando estamos no mundo corporativo não há lugar para amadorismos. As pessoas não vão lhe dar um desconto por ter um site feio e engessado só porque você está começando ou porque não é da área. Por isso, aquilo que está fora do seu alcance em termos de execução profissional, programe-se para delegar ou contratar. O investimento vai valer a pena, afinal, é a imagem do negócio pelo qual você tem lutado tanto!

Dica de ouro para uma boa divulgação: linguagem coerente

Não erre a mão nos adjetivos! A coerência novamente tem de ser levada a sério para que você não passe a impressão de querer vender gato por lebre. Usar a palavra "elegante", por exemplo, para descrever uma linha de pratos e copos descartáveis não é coerente. Os adjetivos mais adequados seriam prático, moderno, sustentável, que facilita o seu dia a dia, entre outros. Quando você exagera ou usa termos incoerentes, a divulgação pode ficar comprometida.

~ Capítulo 18 ~

FIDELIZAÇÃO DE CLIENTES, A CHAVE PARA A ESTABILIDADE

Uma das questões mais difíceis de lidar em relação a ter o próprio negócio são os altos e baixos do faturamento. Brincar em uma montanha-russa de vez em quando é emocionante, mas viver nela são outros quinhentos. Ninguém aguenta por muito tempo passar constantemente pela experiência de subir devagarzinho e, quando começa a desfrutar de uma vista do alto, entrar em uma queda a toda velocidade sem saber se os freios vão funcionar!

Uma das minhas percepções sobre essas oscilações é que, geralmente, estão ligadas a uma alta rotatividade de clientes. Muitos empreendedores até conseguem clientes, mas o problema é que eles não permanecem. Com isso, os esforços em atrair novos clientes têm de ser intensificados a todo momento, gerando mais despesas, demandando mais tempo e criando mais instabilidade.

Quando começamos um negócio, nosso primeiro objetivo é não perder dinheiro e, para isso, buscamos alcançar um ponto de equilíbrio, conhecido como *Break Even Point* (BEP), que indica que não estamos ganhando dinheiro, mas também que não estamos perdendo.

Infelizmente, algumas empreendedoras têm se conformado em viver nesse patamar e, em vez de passarem pelo BEP, convivem com ele por tempo demais. E, é claro, desanimam.

Em primeiro lugar, para se ultrapassar o *Break Even Point*, devemos conhecê-lo. Se você mantiver as contas em boa organização, como visto no capítulo das finanças, vai ter em mente qual é o seu BEP e esse é o primeiro passo para não viver na montanha-russa. É preciso que você esteja focada em trabalhar para que seu faturamento não fique abaixo dele. Uma vez alcançado, o BEP precisa ser vencido, ou seja, para que sua empresa chegue à estabilidade, é necessário que o faturamento esteja acima do BEP. Em outras palavras, uma empresa começa a se manter quando alcança um número de clientes que traga receita suficiente para atingir o ponto de equilíbrio, porém ela só começa a crescer quando consegue que esse número de clientes aumente e, por consequência, aumentem suas receitas.

Quando um negócio tem alta rotatividade de clientes, a tendência é ficar patinando no BEP: perde-se um cliente, conquista-se outro e as coisas permanecem exatamente onde estão. Por isso, uma das coisas com as quais uma empreendedora bem-sucedida deve se preocupar é em fidelizar seus clientes. Atualmente, temos de conviver com uma concorrência muito mais acirrada, pois não estamos disputando apenas com as lojas do bairro, mas sim com as de outras cidades, estados e até países. Se seu cliente tem acesso à internet ele pode comprar qualquer coisa praticamente de qualquer parte do mundo.

Lembro-me de quando a tecnologia da fotografia digital alcançou qualidade suficiente para atender ao mercado publicitário. Nós comemoramos muito, pois os processos ficaram mais rápidos: não tínhamos de esperar pela revelação dos cromos para saber se as fotos estavam boas e nem precisávamos mais de portador para entregá-las ao cliente, pois tudo era feito via computador. Foi um passo importantíssimo para atendermos aos prazos quase impossíveis que as agências e os clientes nos davam. Porém, apesar desses benefícios, perdemos alguns clientes que preferiram contratar estúdios em países cujo câmbio da moeda era mais baixo e, portanto, investiam menos dinheiro. Como quase tudo era feito on-line, o local onde o estúdio estava situado não fazia muita diferença. Por outro lado, investimos em equipamentos digitais de maior qualidade e que a maioria dos estúdios não tinha. Dessa forma, voltamos a nos destacar estabelecendo esse diferencial. Afinal de contas, empreender é estar constantemente buscando soluções para os problemas que vão surgindo e, acredite, eles surgem! Mas à medida que vamos pegando o jeito, ficamos *experts* na arte de "matar um leão por dia" (e desviar das antas, evitar as preguiças, fugir das cobras, não entrar em covil de lobos...).

Há uma série de atitudes que poderão ajudá-la a manter seus clientes enquanto você trabalha em busca de outros. Isso não significa que você não perderá alguns eventualmente, mas sim que irá trabalhar para minimizar as perdas e maximizar os ganhos. Está preparada para mais esta etapa?

Estabeleça um vínculo com seus clientes

Antes de qualquer coisa, você precisa saber quem é seu cliente para poder estabelecer um relacionamento com ele. Seja qual for seu ramo de negócio, procure adequar algum tipo de cadastro e, a partir daí, desenvolver uma comunicação mais dirigida. Hoje em dia é comum em algumas lojas solicitar o preenchimento de uma ficha padrão, mas particularmente acho que essa não é a melhor solução. Ter uma atendente que estenda um papel e uma caneta e nos *mande* preencher nossos dados se tornou algo tão frio e mecânico que quase ninguém gosta de fazer isso. Feito dessa forma, o cadastro se torna uma etapa chata e impõe ao cliente o cumprimento de uma regra da loja, para a loja e pela loja. Mas quando um estabelecimento demonstra interesse em conhecer seu cliente para poder oferecer um serviço diferenciado e, portanto, lhe proporcionar alguma vantagem, o cadastro se torna mais eficaz.

Lembro-me de uma loja de acessórios cuja vendedora começou a conversar comigo em vez de tentar simplesmente me vender alguma coisa. Ela me abordou de uma forma diferente, pois demonstrou interesse por mim antes de qualquer coisa. É claro que eu sei que o objetivo maior de uma vendedora é vender, no entanto há muitas maneiras de se fazer isso, não só empurrando mercadorias ou fazendo elogios vazios. Essa vendedora buscou algo em comum entre mim e ela e começou a abordagem por aí. Como eu estava com um coque rosquinha e ela também, foi engraçado quando ela disse: "lindo o seu penteado!" Enquanto o meu era apenas um coque simples, o dela estava com um acessório lindo, e ela acabou confessando que não foi uma questão de ser *fashion*, mas sim uma espécie de quebra-galho... Fiquei curiosa e começamos um papo:

— Menina, um cabeleireiro — que se passar na minha frente, eu não respondo por mim — usou uma tinta diferente e acabou com meu cabelo! — disse ela.

— Sério? Mas o que aconteceu com seu cabelo? — Eu quis saber.

— Esturricou as pontas de um jeito que ficou parecendo que eu tinha saído de um incêndio!

— E aí você cortou as pontas? — Tentei adivinhar.

— Não só as pontas, cortei uns cinco ou seis dedos! O problema é que meu cabelo arma, eu não gosto dele assim, e agora eu tenho que viver com ele preso. Nos primeiros dias eu fazia um rabo de cavalo ridículo que parecia um pompom, mas aí uma das meninas da loja me deu uma esponjinha para fazer coque rosquinha e a gerente me deu um bracelete para por em volta, aí ficou lindo e eu parei de chorar! Viu como acessórios podem salvar nossa vida? — arrematou a vendedora de uma forma muito inteligente.

É claro que eu levei dois braceletes para enfeitar meu coque, além de outras coisinhas, e enquanto eu fazia as compras, ela foi perguntando com que eu trabalhava, que tipo de coisas gostava e assim foi criando um "cadastro" muito mais interessante do que obter apenas alguns dados em uma ficha.

Quando fui pagar já estava me sentindo em casa, e não foi um problema deixar meu telefone para que ela me ligasse quando recebesse coisas novas. Aquela vendedora estabeleceu um vínculo comigo e não apenas realizou uma venda. É isso que você precisa fazer com seus clientes. A vantagem que um pequeno negócio tem é poder oferecer a seus clientes aquilo que é inviável para os grandes. Em uma grande loja de departamentos é impossível que o gerente, os vendedores e os caixas conheçam seus clientes, mas em um pequeno, isso é perfeitamente possível. Esse diferencial pode ser decisivo na hora de um cliente escolher onde comprar, por isso, invista em conhecê-lo e criar um relacionamento com ele. Mantenha todos os dados que conseguir em um arquivo bem organizado e use-os de forma inteligente. Isso serve para todo tipo de negócio, mas principalmente para quem tem uma dinâmica mais lenta de venda (como uma seguradora) ou fatura mais em determinadas épocas, como quem trabalha com chocolates e tem uma demanda especial na época da Páscoa. No caso dos chocolates, se você mantiver um cadastro atualizado, saberá quais foram os pedidos nos anos anteriores e isso pode lhe dar uma grande vantagem sobre a concorrência. Imagine você saber quantos filhos, sobrinhos ou crianças em geral há na família dos clientes, quais as idades, se são casados, namorados etc. Na época em que começar a divulgação, você poderá fazer ações mais dirigidas e, dessa forma, ter uma maior probabilidade de que seu cliente não compre de outro fornecedor e você perca uma oportunidade que só acontece uma vez por ano.

No caso de venda de seguros, por exemplo, um cadastro bem trabalhado é crucial para o sucesso do negócio, pois as vendas e renovações ocorrem apenas uma vez ao ano. Minha corretora é um exemplo de como utilizar muito bem um cadastro de clientes, pois há 19 anos tem feito os seguros dos meus carros. Todos os anos ela atualiza meu cadastro e faz uma cotação especial buscando seguradoras com mais vantagens para minha idade e tipo de carro. Já mudei várias vezes de seguradora por motivos de bônus, valores e tipos de cobertura, mas não mudo de corretora de jeito nenhum! Além de vender o seguro, ela me acompanha me telefonando periodicamente para saber se está tudo bem, se pretendo trocar de carro ou se tive dificuldade para usar algum serviço da seguradora. Ao final da conversa fica sempre aquela frase que todo segurado gosta de ouvir: "Se precisar de qualquer coisa, não esquente a cabeça, deixa que eu esquento por você!" E realmente nunca esquentei a cabeça mesmo. Já tive um carro roubado e não precisei fazer nada, pois ela resolveu absolutamente tudo, inclusive pesquisou quais eram os carros menos roubados para me ajudar a decidir a nova compra. E quando bati atrás do carro de um vovô (que teve a ideia de parar no meio de um cruzamento), só me preocupei em ver se estava tudo bem e ligar para ela. De resto, não mexi uma palha! Para que eu vou inventar de trocar de corretora?

Classifique seus clientes

Ao longo da sua experiência como empreendedora, vão passar pelo seu negócio vários tipos de clientes que, para simplificar, vou classificar livremente, como *frequentes, ativos, eventuais, ocasionais* e *consumidores*.

Para classificá-los é necessário considerar a dinâmica de cada atividade, por exemplo, em um minimercado de bairro, um cliente que compra todos os dias ou várias vezes por semana seria um cliente *frequente*. Os que compram semanalmente ou a cada quinze dias seriam *ativos*. Os que aparecem uma vez por mês ou em períodos mais espaçados seriam os *eventuais*, já os *ocasionais* seriam aqueles atraídos apenas em ocasiões especiais, como uma liquidação, por exemplo. Para terminar, os *consumidores* seriam aqueles que simplesmente compram, mas com baixa ou nenhuma probabilidade de voltar. Já em um estúdio fotográfico, como é o nosso negócio, um cliente que solicita o serviço todos os meses já pode ser considerado *frequente*. Mas em alguns casos, como clientes que fotografam catálogos de moda, a frequência é de seis em seis meses, conforme o lançamento de suas novas coleções. É uma periodicidade bem diferente de um comércio, por exemplo, inclusive porque não depende só da nossa atividade em si, mas também da dinâmica do negócio de cada cliente.

Por isso, é importante que você entenda em que classificação seus clientes se encontram para poder traçar estratégias e fazer suas vendas crescerem. Há muitas empresas que oferecem vantagens para que seus clientes subam de classificação: os *consumidores* e *ocasionais* se tornarem *eventuais*, os *eventuais* se tornarem *ativos* e os *ativos* se tornarem *frequentes*. Eu mesma já ganhei cartelinhas de fidelidade daquelas que recebemos um carimbo a cada visita e, ao completar a cartela, ter algum tipo de vantagem ou brinde. Nos casos em que a quantidade de carimbos era imensa, não tive grande interesse e acabava até esquecendo, mas quando era algo mais ágil, eu me empolgava mais. Esse tipo de ferramenta pode ajudar bastante a aumentar a frequência, mas há outra questão a ser considerada: o *ticket* médio das suas vendas e onde cada cliente se enquadra.

O *ticket* médio é o valor que seus clientes gastam, em média, no seu negócio. Para isso é preciso saber quanto se faturou no mês e a quantidade de pedidos que trouxe aquele faturamento (pedidos não são necessariamente clientes). Por exemplo, se você faturou R$ 5.560,00 e teve 92 pedidos, significa que o *ticket* médio daquele mês foi de cerca de R$ 60,00. Sabendo disso, você deve analisar quais clientes compram acima e quais compram abaixo da média. A ideia é sempre trabalhar para aumentar esse *ticket* médio. Na minha lojinha virtual, por exemplo, inicialmente o *ticket* médio era de R$ 9,90, pois iniciei as atividades colocando à venda apenas um produto, o livro *Controle de gastos arbitrários Bolsa blindada*, que custava R$ 9,90 e que praticamente 100% dos pedidos eram de uma unidade apenas. Para aumentar o *ticket*, coloquei uma promoção especial na compra de duas unidades, o que trouxe um aumento de cerca de 30%. Outra estratégia foi agregar mais produtos. Incluí na lojinha meus dois livros lançados até aquele momento (*Bolsa blindada* e *Bolsa blindada 2*) e o valor do *ticket* médio mais que dobrou. Mais tarde adicionei outros produtos e, assim, fui trabalhando para aumentar o *ticket*. Eventualmente crio campanhas para atrair mais clientes, como frete grátis durante um período, algum brinde etc. Ou seja, precisamos estar sempre mexendo o caldo se queremos que ele encorpe.

Dependendo do seu negócio, outra forma de fidelizar seus clientes é oferecer vantagens a quem está acima da média de gastos. Cartões de crédito fazem isso o tempo todo, classificando seus clientes como prata, ouro, *platinum*, diamante etc. Quanto maior o gasto, maiores as vantagens: milhas de viagens, anuidade grátis, descontos em cinemas, locação de veículos, entre outras. Mesmo tendo um pequeno negócio, você pode criar alguma vantagem para os clientes que prestigiam mais seus produtos e/ou serviços. Se eles se sentirem especiais e tiverem vantagens reais ao fazer negócios com você, por que iriam recorrer a outro fornecedor?

Invista na pós-venda

Sermos bem atendidas quando estamos prestes a fazer uma compra não é lá grandes coisas, não é verdade? É claro que há empreendedores tão "fora da casinha" que tratam mal seus clientes até na hora de vender, mas com esses aí eu nem me meto, afinal de contas, o que dizer para esse tipo de pessoa? Mas o que faz mesmo a diferença é quando você demonstra interesse depois que alcançou seu objetivo. Dependendo do tipo de negócio, o trabalho de pós-venda pode ser bem diferente. Usando novamente o exemplo da minha lojinha virtual, é totalmente inviável entrar em contato com cada leitora para perguntar se gostou dos livros, mas para que cada uma se sinta "assistida", envio sempre um e-mail avisando sobre a postagem do produto, e esse mesmo e-mail se torna um canal de comunicação reservado só para clientes.

Dessa forma, elas sabem que se houver qualquer problema na entrega ou até mesmo com o produto, têm com quem resolver.

Já com os clientes do estúdio, fazemos um trabalho diferente. Como atendemos o mercado publicitário, procuramos saber como a campanha está sendo recebida pelo público e também quais as percepções do próprio cliente. Houve o caso de um cliente atacadista de moda que comentou sobre a rejeição dos lojistas em relação à modelo contratada para uma campanha. Sugerimos que ele fizesse uma enquete com esses lojistas a fim de saber que tipo de modelo deveríamos usar para a campanha seguinte, e isso foi muito bem aceito, pois, ao terem suas opiniões consultadas, os lojistas se viram parte do processo e se sentiram valorizados. Um bom trabalho de pós-venda pode transformar erros em experiências positivas. Como empreendedoras, não podemos viver em um mundo de fantasia achando que, só porque fazemos nosso serviço com amor e dedicação nunca vão haver problemas, erros e furos. O que devemos considerar é que, por mais que erros possam acontecer, se tivermos estratégias para minimizá-los podemos transformá-los em acertos e, para isso, o tratamento pós-venda pode ser uma ferramenta e tanto. Estude bem seu negócio e defina formas de ter um bom serviço de pós-venda.

Evite os erros mais comuns

Quando se fala em fazer de tudo para manter seu negócio funcionando, não entenda como fazer qualquer coisa. No afã de pagar as contas ou ver o empreendimento crescer rapidamente, muitos empreendedores têm cometido erros dos quais não conseguem se livrar mais tarde. São liquidações que acabam virando um tiro no pé, promoções que surtem o efeito contrário e posicionamentos dúbios que confundem os clientes e acabam por prejudicar o negócio. Anote aí alguns deles para não se deixar levar:

> **Viciar o cliente em promoções.** Quando você faz promoções sem dar uma justificativa clara para o cliente, ele passará a ver seu negócio apenas como algo de ocasião: se tem promoção ele compra, mas se não tem, ele fica esperando. Toda promoção deve ter uma razão, quer seja um tema (Copa do Mundo, Olimpíadas, primavera etc.), um motivo (queima de estoque, troca de coleção) ou sazonalidade (Páscoa, Volta às aulas, Dia das Mães). Além disso, toda promoção deve ter data de início e fim, mas seja você a primeira a respeitar esse período. Se você colocar, por algum motivo, uma promoção "só hoje", ela não pode estar mais disponível amanhã. Promoções são formas de aumentar as vendas ou circular mercadorias que não tiveram boa saída, mas se você viver de promoção em promoção, vai acabar viciando seus clientes. Por isso, promoções devem ter início e fim e motivos bem claros para que seus clientes aproveitem cada uma, mas sem deixar de comprar na ausência delas.

> **Mau posicionamento de descontos.** É preciso sempre deixar muito claro qual é o preço normal e qual é o preço com desconto. É comum, quando se abre um negócio, oferecer, por exemplo, preços especiais de inauguração para atrair clientes, porém, quando isso é feito sem o cuidado de sinalizar bem qual é o preço real e qual é o preço com desconto, fica muito difícil retornar ao preço real. Um simples "de tanto por tanto" já resolve o problema, além, é claro, de deixar bem explícito o motivo do desconto.

Campanhas mal planejadas. Às vezes algumas campanhas muito bem intencionadas surtem um efeito totalmente contrário ao desejado. Lembra-se dos descontos que as operadoras de TV a cabo davam apenas para clientes novos? Fiquei com muita raiva de saber que, mesmo sendo uma assinante antiga, pagaria o dobro do que um cliente novo iria pagar pelos primeiros seis meses de contrato. Quando liguei para solicitar meu desconto e descobri que ser uma assinante fiel não me trazia nenhuma vantagem, fiz o mesmo que outros milhares de clientes: troquei de operadora! As empresas apenas focaram na questão de buscar novos assinantes sem levar em conta que enfureceriam os antigos... Por isso, planeje bem suas campanhas promocionais para não ter surpresas desagradáveis.

Entrar em concorrências desleais. Precisamos ter em mente algo muito sério: vencer seus concorrentes é uma coisa, prostituir o mercado é outra. Muitos segmentos que trabalharam forte para "quebrar" seus concorrentes oferecendo preços desleais, hoje percebem que quebraram a própria cara. Há um local de comércio em São Paulo com uma alta circulação de pessoas que iniciou uma prática da qual hoje se arrepende. Muitas lojas começaram a colocar logo na entrada produtos a preço de custo só para atrair clientes. A ideia era que, uma vez na loja, o cliente compraria um produto que não traria lucro, mas acabaria levando outros também, gerando assim uma boa venda. Mas não foi isso o que aconteceu. Os clientes passaram a comprar apenas o que está em promoção na entrada da loja e correr para as outras, para tornar a fazer o mesmo, ou seja, cada um colocou um produto diferente a preço de custo e era a única coisa que conseguiam vender! Há tempos estão tentando resolver esse problema, mas como eles mesmos quebraram as regras básicas do comércio, fica difícil tentar restabelecê--las. Concorrência com regras é saudável, mas quando não as respeitamos, a estratégia vai por água abaixo.

~ Capítulo 19 ~

VOCÊ NÃO ESTÁ SOZINHA!

Apesar de este ser meu quarto livro, é a primeira vez que vou descrever como é meu processo de criação de um livro. É claro que cada escritor tem uma forma diferente de trabalhar, mas, como empreendedora, senti a necessidade de dividir com você, que chegou até aqui, como foi o desenvolvimento deste livro e o quanto precisamos lutar contra fatores internos e externos quando estamos dispostas a vencer e conquistar nosso lugar ao sol.

Trabalhei vários meses incessantemente, não só escrevendo, mas pesquisando, lendo, conversando com várias pessoas por Skype, rodando vários quilômetros para fazer entrevistas pessoalmente, indo a palestras etc. Foram muitas noites sem dormir (ou dormindo bem pouco), vários dias de preocupação em oferecer o melhor e muitas, mas muitas horas de trabalho solitário na frente do computador. Olhar para uma página em branco pode ser algo muito intimidador... Por onde começar? Como explicar da melhor forma? Em que ordem devo propor cada tema? Quantos capítulos? Quantas páginas? Eram muitas perguntas, mas que ninguém podia responder, a não ser eu mesma.

E eu sei que, como empreendedora, você também passa por momentos assim, pois empreender não é andar em um caminho plano. Você irá desfrutar de belas paisagens, não tenha dúvida disso, mas terá de se dispor a subir montanhas, quando sua vontade é permanecer onde está; às vezes terá de descer, mesmo sem ter coragem de olhar para baixo. Passará por dias de sol, mas não sem ter dias de chuva, com neblina e pouca visibilidade. Mas, ainda assim, isso é fichinha perto dos momentos em que temos de atravessar um deserto. E, saiba, o deserto é inevitável na vida daqueles que querem crescer e encontrar seu lugar. Nós, mulheres, passamos por diversos desertos, alguns mais extensos e outros nem tanto, mas jamais nos livraremos de passar por eles. O que precisamos considerar é que são nos desertos que mais aprendemos, crescemos e nos fortalecemos. A vontade é de jogar tudo para o alto, sem dúvida, mas não podemos desistir, nós devemos resistir.

Ao longo da vida já passei por vários desertos e, um deles, foi durante o desenvolvimento deste livro. Foram longos dias escuros, aflições e sensações que nem eu mesma sabia explicar. Os problemas pareciam maiores do que realmente eram e a vontade de desistir me assolava a cada dia. Os negócios não andavam bem e as pressões das responsabilidades só aumentavam. Uma coisa é perceber que seu negócio vai mal por negligência ou má administração, outra, é ver que, apesar de fazer todo o possível, a situação difícil permanece. Ajudar as pessoas a enxergarem o que há de errado nos seus negócios quando eu não estava enxergando o que acontecia nos meus era quase insuportável. Houve um dia em que, enquanto eu me arrumava para ir apresentar meu quadro de finanças na TV, os problemas começaram a tomar conta dos meus pensamentos. Havíamos tido diversos cancelamentos de trabalhos de clientes cujas empresas haviam sido atingidas pela crise, e eu pensava: "Meu Deus, como vou para a TV falar sobre finanças se as minhas estão ficando comprometidas por essa maldita crise?" Sentei no *closet* e, vendo minhas roupas, sapatos e bolsas de grife, comecei a pensar onde e quando havia comprado cada uma. Minha situação estava tão diferente do dia que comprei aquela bolsa cara ou aquele jeans em Nova York... Comecei a chorar e tive vontade de simplesmente não ir trabalhar. Queria ficar ali, sentada no meio das coisas que representavam uma época que parecia estar há séculos de distância. Só consegui reunir forças para falar com uma amiga e dizer o quanto estava me sentindo hipócrita e incapaz de continuar com esse trabalho. Como ela foi a primeira pessoa que acreditou em mim e me ajudou a me tornar blogueira, senti necessidade de dar uma satisfação por estar desejando abandonar tudo aquilo. Ela, sempre muito ponderada, me disse:

— Paty, eu conheço seu trabalho há anos e sei que você não é nenhuma hipócrita. Você está falando de coisas que tem conhecimento de causa, portanto, você tem condições sim de transmitir esses conhecimentos e ajudar as pessoas. Principalmente agora com essa crise; afinal, se você não souber o que é passar por problemas, como vai ajudar quem está passando por problemas? O que é mesmo que você deve dizer quando se sente fraca? — Questionou ela.
— Sou forte! — Respondi.
E ela finalizou:
— Então vai na sua força!

Aquela palavra me ajudou, me fez refletir e saber que eu não podia desistir. Vi todos aqueles problemas como oportunidades de aprender mais e crescer mais e, dessa forma, ajudar mais pessoas.

Eu não escrevi este livro porque sou milionária, porque minhas empresas sempre deram certo ou porque nunca erro. Ao contrário, escrevi porque sei o quanto é difícil vencer nos dias de hoje, o quanto o mercado é injusto e o quanto vale cada real conquistado. Se minha vida fosse perfeita e minhas contas bancárias estivessem abarrotadas de dinheiro, talvez nem passaria pela minha cabeça reunir em um livro todos os ensinamentos que tenho aprendido ao longo do meu caminho.

Patricia Lages

Mas é justamente por saber que empreendedorismo só é um mar de rosas no palco de alguns palestrantes é que passei por cima de tudo para chegar até aqui. Falar sobre empreendedorismo é moleza. Dar palestras sobre o tema é tranquilo. Emocionar as pessoas com histórias de sucesso e criar um show também não é complicado. Difícil mesmo é viver o empreendedorismo na pele, sentir as dores e as frustrações das perdas, mas mesmo assim seguir em frente.

Assim como as palavras da minha querida amiga Cristiane Cardoso me ajudaram naquele dia no *closet*, quando quase desisti de tudo (deste livro inclusive), espero que as minhas palavras ajudem você a enfrentar um dia difícil. Saiba que Deus só leva para o deserto quem Ele quer exaltar nos montes. Isso não é religião, mas fé. E empreender nesse país só mesmo com muita fé, que é "a certeza daquilo que esperamos e a prova das coisas que não vemos" (Hebreus 11:1).

Por isso, ainda que sua fé esteja enfraquecida, saiba que eu tenho fé em você! Não sei como foi seu encontro com este livro, mas sei que você chegou até aqui, portanto, está levando seu crescimento a sério. Só isso já me faz ter fé em você.

Hoje, agradeço muito pelos momentos difíceis que passei, pois pude aprender — em questão de meses — coisas que nem quatro anos de faculdade poderiam me ensinar. Viver situações que nos desestruturam interior e exteriormente e vencê-las é uma experiência e um aprendizado que jamais poderão ser encontrados em livros ou em salas de aula. Se você está passando por um momento difícil, saiba que isso faz parte do seu crescimento. Se estão chovendo críticas, se tudo que você faz parece dar errado e todas as portas estão se fechando diante de você, é o momento da mudança. É momento de parar, refletir, entender a situação e reunir forças para a batalha. Eu sei que dá medo, que a vontade é de jogar a toalha e sumir, mas isso só indica que é hora de crescer e — para uma empreendedora — crescer é sempre motivo de comemoração.

Empreender não é fácil, mas é possível. Ser melhor requer dedicação, disciplina e perseverança, e essas são qualidades que só demonstramos nas horas difíceis. Na introdução deste livro vimos que há menos de cem anos a mulher era vista por muitos como um mero acessório, sem direito nem mesmo de opinar, mas por meio das lutas das mulheres do passado, hoje podemos batalhar pelo nosso espaço e podermos estar no lugar que quisermos. Portanto, faça do seu lugar o melhor lugar. Ainda que você não esteja aonde quer, viva o hoje da melhor maneira possível. Não olhe para trás e nem fique ansiosa pelo amanhã, mas aproveite cada detalhe, dê valor às pequenas coisas e procure estar contente com o que conquistou até aqui. Viver ansiando por coisas que não temos ou valorizando somente aquilo que ainda não chegou às nossas mãos não é a melhor estratégia.

Empreender é ter a chance de fazer o que se ama, não necessariamente o que lhe traz mais dinheiro. É ter liberdade para desenvolver aquilo em que se acredita, e não o que os outros julgam ser correto ou adequado. Empreender é fazer sua vida acontecer, e não deixar simplesmente os dias passarem para ver aonde tudo isso vai dar. Por isso, vá em frente, não desista e faça sua vida acontecer!

Se este livro a ajudou, indique ou empreste para alguém que esteja precisando encontrar seu lugar. Disseminar conhecimento só faz bem, afinal, você nunca vai encontrar alguém que diga que se arrependeu de ter aprendido alguma coisa. E, apesar de estarmos chegando ao fim da leitura, nossa "conversa" não acaba aqui! Espero você lá no blog, no Facebook, no Instagram e no meu canal do YouTube.

Nos vemos!

Referências

BARBOSA, Christian. *A tríade do tempo*. Rio de Janeiro: Sextante, 2011.

CORTELLA, Mario Sergio. *Qual é a tua obra?: inquietações propositivas sobre gestão, liderança e ética*. Petrópolis (RJ): Vozes, 2015.

DEGEN, Ronald Jean. *O empreendedor: fundamentos da iniciativa empresarial*. local: McGraw-Hill, 1989.

PATI, Vera. O empreendedor: descoberta e desenvolvimento do potencial empresarial. In: PEREIRA, Heitor José. *Criando o seu próprio negócio: como desenvolver o potencial empreendedor*. Brasília: SEBRAE, 1995.

Sites consultados

CAPÍTULO 5: Os inimigos do crescimento
<http://www.wakingtimes.com/2016/03/03/science-explains-how-complaining-is-negatively-altering-your-brain/>

CAPÍTULO 9: Empreendedorismo *versus* relacionamento afetivo
<http://www.hypeness.com.br/2016/05/pesquisa-em-harvard-revela-que-não-são-os-filhos-que-atrapalham-a-carreira-das-mulheres-mas-os-maridos/>

CAPÍTULO 12: Dez erros fatais na hora de empreender
<http://www.vidaecarreira.com.br/mudanca-de-carreira-1/10-erros-fatais-na-hora-de-empreender/>

CAPÍTULO 17: Divulgação com verba, pouca verba ou sem verba
<http://exame.abril.com.br/pme/noticias/7-erros-fatais-das-pequenas-empresas-no-facebook>